旺氣格局
居家裝潢

LOT系列

幸福部屋DIY－旺氣格局居家裝潢

作　　　　者：王明偉・胡婕筠◎合著
出　　　版　　者：生智文化事業有限公司
發　　　行　　人：宋宏智
企　劃　主　編：林淑雯
媒　體　企　劃：汪君瑜
責　任　編　輯：錢美蓮
版　面　構　成：許靜萍
封　面　設　計：許靜萍
印　　　　　　務：許鈞棋
專　案　行　銷：吳明潤
登　　記　　證：局版北市業字第677號
地　　　　　址：台北市新生南路三段88號5樓之6
電　　　　　話：(02)2366-0309　　　(02)2366-0310
網　　　　　址：http://www.ycrc.com.tw
讀 者 服 務 信 箱：service@ycrc.com.tw
郵　撥　帳　號：19735365　　　　　戶名：葉忠賢
印　　　　　刷：鼎易印刷事業股份有限公司
法　律　顧　問：北辰著作權事務所　　蕭雄淋律師
初　版　一　刷：2004年12月　　　定價：新台幣320元
I　S　B　N：957-818-696-7

國家圖書館出版品預行編目資料

幸福部屋DIY：旺氣格局居家裝潢 /
王明偉,胡婕筠合著. -初版. -臺北市：生智,
2004[民93] 面；公分
　　　ISBN　957-818-696-7(平裝)
1. 相宅　2. 開運法

294.1　　　　　　　　　　　　93021865

總經銷：揚智文化事業股份有限公司

地址：台北市新生南路三段88號5樓之6

電話：（02）2366-0309　　傳真：（02）2366-0310

※本書如有缺頁、破損、裝訂錯誤，請寄回更換

偶然的機會，和胡婕筠老師學習陽宅風水，進而熟識。今年六月初，胡老師電話裡邀約，合作出一本兩岸三地適用的裝潢、陽宅書，老師開口，不能拒絕。事後才知道，離交稿只有一個月的時間，很後悔當初不假思索地答應她，但不能反悔，於是開始日以繼夜地著手這個工作。

我一生只執著一份工作，就是室內設計。近一萬個日子裡，沒有離開過工作崗位，累積了無數的設計和實務經驗，換來了如今得心應手的專業。二十幾年一路走來，呈現出來的美好，有著背後辛酸的耕耘，雖然有些辛苦與孤獨，但是興趣和成就感，就是一種執著，所以我仍在這個舞台上表演著。

由平面規劃，窺見設計精髓

大環境裡，有著各種不同類型的房子，也有對房子有各種不同需求的人需要協助。我願意以純設計的觀點著眼，貢獻個人的專業，讓擁有各種不同類型房子的主人做參考，進而有另一種思考，不要獨沽一味，讓住的品質多采多姿。如此一來，就不枉費協助我為這本書付出努力的夥伴們。

各種類型的房子都有優缺點，重點在於如何發揮優點，克服缺點，同時體認哪一種房子最適合自己。我們可以把新房子設計得很素雅，不見得要很豪華，也可以賦予老舊公寓新的生命，長方形室內空間可以讓走道不見了，小坪數套房，可以麻雀雖小，五臟俱全。正所謂，戲法人人會變，各有巧妙不同。

一般同類型的書，都著重在照片表現，美玉其外，無法窺得設計精髓。這本書的特色，是以平面規劃取勝，沒有華麗的詞藻，平鋪直敘，希望大家能回歸到室內設計最重要的「平面規劃」開始，由空間規劃去思考實用的功能、流暢的動線，而不是一味在造型上求表現。希望這個論點和闡述，能讓大家有一些新收穫。

感謝胡婕筠老師穿針引線和合作，所有業主熱心的協助拍攝，好友林鼎翔先生的種種幫助，當然，如果沒有葉子出版社的認同，我這一段人生就留白了。

王明偉

食、衣、住、行是現在生活當中不可或缺的東西，而說到住，幾乎每個人都是花了大半輩子的心血，才能真正買到一個家，可是當搬進去後才發現到——原來我家的格局並不是很完善，這個時候就會非常懊惱，為什麼買房子的時候沒有考慮清楚屋外的環境及家中的動線，這是我在業界當中，常有很多讀者會遇到的問題。

西元1979年至1993年，我從事房地產行業。我原本是個銷售小姐，因緣際會下，開了一間房屋仲介公司，在偶然的一個機會下又參加投資興建，從土地的取得到房屋的規畫都親身地參與，對屋子的外觀以及屋內的格局都有很深切的接觸。當我開仲介公司，房子銷售不佳時，曾經找風水師看過，說也奇怪，只要風水師調整過的接待中心，就會賣得非常好。

改變空間動線，改變磁場

事隔多年後我曾經仔細地想過，到底是迷信還是真有這門學問？後來我發現到一些道理，例如如何把房子的空間變得視覺寬敞、動線活潑？原來只要在某一個角落放一盆花，就會讓整個空間活躍起來！最後我終於想通了，原來風水就像中國的毛筆字一樣，如何把毛筆字練好，寫出一個漂亮的字體，跟如何把家中畫龍點睛是一樣的道理。在多年從事陽宅職業後，我發現只要進到某個屋子裡，感覺到胸口悶悶的，最主要的原因往往是家中凌亂不堪，能讓人們的視覺感受清爽而且愉悅，其實就是取決於空間的收納做得好與否。

命理在某些人來看，認為它是玄之又玄，其實它一點都不玄。筆者曾經住在六樓的空中花園，每天早上對植物花草說些讚美的話語，植物就會長得茂盛和鮮豔，我家的花曾經是開到500至1500朵，而這種環境下也是我賺錢最多的時候，可見得環境磁場對人有很大的影響。

這本書的完成，我首先要謝謝王明偉設計師願意鼎力相助，沒有王先生的專業知識，就無法完成這本書。雖然前後製作時間只有一個月，但其實就如台上10分鐘、台下10年功夫的道理一樣，我從西元1979年接觸房屋市場至今，也有25年了，希望這本書能讓大家在居家裝潢、收納、風水方面，都能夠輕鬆上手。

胡婕筠

目錄

 PART 1　裝潢9大精選案例

目錄

 開運處方籤

PART 3 空間開運法則

PART 4 旺宅精購守則

PART 1 / 裝潢

PART 2

PART 3

PART 4

9大精選案例

居住的環境，除了要整齊舒適外，不論是臥房、書房、廁所、廚房……等，
也得因時地物好好地規劃，讓自己「開運」一下，從此桃花、財運、吉星…
都跟著你打轉，原來「開運」就是那麼簡單！

CASE 1

兼具雍容
與浪漫的都會美學

　　如果能在精華都會區擁有一個住家，早晨打開窗戶時，陽光可以曳灑進來，近觀窗外，行道樹一片翠綠的景緻，既能遠眺高聳起伏的群山、擁有都會區的方便，又能享有陽光與綠樹的景觀，應該是許多人的居家夢想。然而初看這個屋齡已經超過20年的電梯大樓，屋況老舊，室內的格局，跳脫不開傳統以長長暗沉的走道串連兩側並排的臥室，中間還夾一個盥洗室的配置，一點都不迷人，該怎麼辦？

　　一個狹長型的空間，要如何讓動線流暢同時突破傳統走道的瓶頸？於是，我在客廳裡設計了「兩套」優雅的沙發，稱職地擔任起會客及家庭劇院的角色。另一個天地是起居室，它被三個臥室圍繞著，拉門輕輕一推，頓時形成一個完全私密的空間，溫馨的氣氛，正是家人相處暢談的天地。位於起居室對面有個多功能的書房，四口至六口的一家人，可以一起看書、工作……。共諄共勉，卻又悠然自在。

　　這三個大空間，串成這個房子的主要架構，可依使用需要，一分為三形成完全獨立的空間，也可以不著痕跡地讓它三合為一，讓空間延伸，享受它的寬敞。舒暢的空間，讓人感覺這起碼是80坪或100坪以上的房子！實情卻不然，室內實際坪數才56坪，卓越的設計，竟有這種魔力。

▲▼客廳、書房、起居室串成的主架構，巧妙運用暗拉門，可以「一分為三」，形成各自獨立的空間，也可以「三合為一」，讓空間延伸，享受寬敞。

▲ 面對電梯的大門，移至另一側，多出一片可以揮灑的造景空間，又可以避開大門面對電梯的突兀。

■電梯口

原來雙併兩戶大門，整齊地對著電梯口，為了使這個呆板的空間活潑起來，當人步出電梯後，心情先有個轉換，於是大膽地把電梯正面的大門移至另一側，如此一來，電梯對面這片新牆面就可造景。電梯門一開，出現眼前的不是大門，而像是進了畫廊，牆上有畫，旁邊有美麗的盆栽，就連電梯與逃生樓梯間的廊道，也有精選的各種畫作和盆栽。當你穿過這個藝文天地，走到家門口的時候，不自覺地，就已把煩惱丟到腦後，回家的感覺真好！

■玄關

大門一挪位置，原來的傭人房及盥洗室竟變成玄關了，不可思議！由於大門方向改變，可以製造出一個大方而機能完整的玄關，正面的玄關矮櫃放置乾淨的室內拖鞋，左邊的高櫃放置外出鞋，這個玄關最大的玄機是鞋櫃設計，非常合乎科學與自然原理。傳統鞋櫃的透氣百葉門，造型千篇一律，而且百頁木條容易沾灰塵，改以木門貼上蝕花（如意圖案）的明鏡，除了可整理儀容，又具空間擴大效果，何樂而不為！但要如何透氣？巧妙在於利用高櫃上下懸空，櫃內留出一點空間，空氣自然對流，如此細心、實用，又美感十足的設計，正是功力所在。

玄關矮櫃上的透明水盆，浮滿玫瑰花朵，鮮艷欲滴，和中國的迎客松有異曲同工之妙。玄關正面的主牆，掛著水晶製作的鹿飾品，躍動奔跑的姿勢，活力十足，正因為鹿是中國的吉祥動物，乃為祿之諧音，一進門，賓主均已沾滿喜氣。

▲玄關鞋櫃拉門上，如意蝕花圖案明鏡，與懸掛在正面明鏡上的水晶飾品，相映成趣，玄關几上，透明水盆內的鮮紅玫瑰花，讓玄關豐富了起來。

▼在玄關角落，貼心地擺上一張鼓椅，成就了穿鞋的方便，又不占空間。

■書房

原大門入口處的空間，因大門挪位，形成一個獨立的空間，這就是書房。這書房可以不受其他人進出的干擾，空間也加大。看到這個完整獨立的書房，令人恍然大悟，大門移位的功效一舉兩得，如果大門不變由原處進出，書房勢必變小，玄關也不完整，兩個功能截然不同的空間混在一起，凌亂不完整，而一個小變動造就出兩個完整又合理的空間。

書房內原舊大門位置，現在變成了一個又深又大的收納櫃，就在近玄關處，安排了一個訪客的衣帽櫃，來訪客人的大衣、皮包、帽子均可集中置此，一個原本整齊的空間，就不會因客人來訪，各處放置隨身物件而破壞其秩序；另一精妙之處，乃是因為這個櫃子特別深，衣帽擺放

▲濃濃的東方情、淡淡的書香氣息。

後，仍會有剩餘的空間，因此又做了一個暗門，可做深層收納，充分利用空間，算是櫃中櫃了。

　　放眼書房，主人難道是拿書房來做展示、附庸風雅用的？否則為何 9 尺長、偌大的書桌上，竟然不見一件書房應有的設備？原來書桌背面，又有一個由四片拉門一字排開的隱藏式高櫃，拉門一開，內容豐富得很，影印機、傳真機、電話機、監視器機器、電話主機、電腦設備、音響設備、視聽軟體，及DVD均備，當然免不了還有藏書的吊櫃，以及放資料的抽屜櫃等，琳瑯滿目。為了避開雜亂無章的事務機器與線路，原來是如此藏拙，才能讓書

桌整齊乾淨、賞心悅目，讓人能專心沈醉書香，這個設計就是「用心」和「細心」的結果。而書桌為什麼是由一大一小的活動桌組合而成？原來，閒暇時，方形小書桌移開來可以切磋牌藝。

　　書房的主牆貼上吸音壁布，窗簾選用和吸音布同色系，書椅的沙發布也是選用同系列的材質，一片調和。　牆壁嵌上畫軌，可以常常變換畫作，增加生活的情趣，牆邊書寫著波羅密多心經的缸內，擺了綠色盆栽，搭以中式的書桌與中式如意圖案的木櫃，滿室散發出濃濃的東方情和淡淡的人文書香氣息。

▲西式畫框，中式的湘繡、國畫，獨樹一格的搭配，東西兼具，相得益彰。

▼牆壁嵌上畫軌，可以常常變換畫作，時時展現不同的藝術風格。

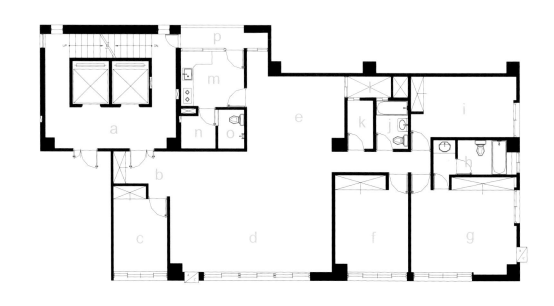

《 規劃前平面圖 》

a	梯廳	i	臥室
b	玄關	j	浴室
c	書房	k	儲藏室
d	客廳	l	天井
e	餐廳	m	廚房
f	臥室	n	傭人房
g	主臥室	o	浴室
h	主浴室		

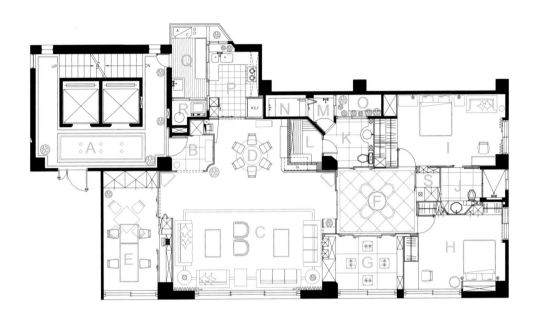

《 規劃後平面圖 》

A	梯廳	I	主臥室	Q	工作陽台
B	玄關	J	主浴室	R	洗衣房
C	客廳	K	公共浴室	S	儲藏室
D	餐廳	L	烤箱房		
E	書房	M	淋浴（蒸汽室）		
F	起居室	N	按摩水池		
G	通舖	O	天井		
H	臥室	P	廚房		

▲ 鏤空部分牆面，讓綠意若隱若現，增
添趣味。

客廳

　　進入客廳，有一大片活舖的手工編織羊毛地毯，是中國式文武邊的圖案，圈著兩套不同材質、不同顏色的沙發。兩組沙發中間，放置兩張輕便單椅，可以分成兩個會客區，或一個大會客區的彈性組合，如果家中有客人來訪，可以選擇使用左邊或右邊的空間，如果人數多的時候，可以把兩張單椅拉出，成口字型的大會客區，既可以獨立區域使用，又可以巧妙地結合，成為一個完整的空間。

　　當揭開窗簾，自然光源從窗外揮灑進來，與翠綠樹梢默默延伸這房子的視野。

　　這個大客廳，是主人與朋友的互動場所，家庭劇院等現代化的視聽設備，一應俱全。為了讓這些科技視聽音響設備的效能齊全，又想維持設計的視覺美感，將50吋的內投影大電視，嵌在外型似壁爐的半高櫃內；視聽設備器材全部收在可散熱的隱藏式百頁高櫃內；電動螢幕理所當然也要隱藏在天花板內；最讓人驚嘆的巧思就是投影機竟然藏在兩組沙發正中間的邊几矮櫃內，搖控器一按，矮櫃桌面冉冉上升，露出投影機，升至適當的位置，一點也不影響矮櫃桌面上的擺飾，下降歸位後，又將投影機藏於無形，可節省許多空間，又能藏拙。

▲中間輕巧的導演椅移開，兩個會客區域，就可以彈性組合，成為一個完整的大客廳，非常實用、氣派。

▲擺飾可以靈活變換，展現不同的美。　▲留一盞燈在客廳，倍感溫馨。　▲實用細緻的鳥籠，也是飾品。

客廳一面牆刻意留白掛畫，另一面牆在區隔客廳與起居室，其間嵌入了一個魚缸。又鏤空了一部分的牆面，可變化置放各種藝術飾品，牆面讓人感覺既活潑又有生趣。再利用隔間，故意挑空嵌入一個放盆栽的半高几，可由不同角度觀賞盆栽的綠意，同時特地為主人所收藏的典雅古董鐘，打造一片屬於它的牆面，從客廳與通往起居室之際，心情被貼心地伺候而優游著。而牆面在虛實之間，取得一個平衡與協調，雖不刻意做飾品櫃，卻在適當的檯面等空間，擺著各式各樣的飾品，展現主人的品味，可以走到哪裡，看到哪裡，全室賞心悅目。

站在客廳的中間，左邊起居室、右邊書房，在盡頭處，都有一個不同設計的端景，整個空間三合為一，也克服了狹長的屋型，讓傳統的通道消失於無形。拉門的運用，延伸了空間的視覺效果，尤其是天花板的設計，原建築結構在客廳正中間橫著一支必要存在的補助樑，一般的處理手法一定是降低天花板，全部封平或花心思做高低不一的造型，但是設計師卻再做一支極簡單懸空的假樑，與真樑做平衡，內藏燈光，配合四周走通的流明燈槽間接燈光，採光良好，因為光源可以平均地遍布整個客廳。

▲牆面在虛實之 間，展現協調的美，18世紀古董掛鐘，也有它專屬的牆面。

▼色彩及造型美學，盡在客廳一隅展現。

▲U字型的廚具最實用。

廚房

廚房是家庭主婦最重視的地方,最怕工作台空間不夠,又雜亂、不易清潔,如何把廚房變成一個乾淨又不雜亂的地方,設計師特別做了一個電器用品櫃,將所有的廚房設備,集中收納在此櫃中,如此一來,在檯面就不會看到任何的設備,也可以增加在廚房工作時,平檯的空間及方便性。

U字型的廚具是很方便廚房工作的一種排列方式,可以增加工作效率。水槽面向窗戶,在窗台上做個小平檯,可以放些盆栽當作造景。地面上鋪一條容易清洗的棉毯,隨時保持廚房的清潔,讓洗滌台的落水及油漬,不致沾到磁磚上,減少每天洗地的困擾,最簡單的是棉毯髒了,可以直接用洗衣機解決。這個空間可讓家庭主婦開心地料理佳餚。

餐廳

餐廳是客廳的延伸,十人份的餐桌,平時僅放六張餐椅,讓空間寬敞舒服一點。木製圓桌上加一個轉盤,為了好打理,餐桌面鋪放強化噴砂玻璃,還特地在玻璃中間挖空,讓轉盤嵌入其中,不致造成轉盤太高的困擾。餐桌邊有一個備餐矮櫃,櫃內盡是碗盤的收納,檯面平時放盆花,中間貼明鏡,顯得明亮寬敞、饒富趣味。

▲餐廳寬敞自在，壁畫及擺設，信手拈來，讓用餐氣氛一級棒。

▲三個臥室圍繞著起居室，一家人感情
凝聚的場所。

工作陽台

　　原有工作陽台在廚房窗戶正面，一方面遮到正面視野，另一方面曬在工作陽台的衣物，由廚房內一覽無遺，因此特別把空間重新調整，工作陽台移至廚房另一邊，上述缺點沒了，轉為優點。而且一般人為了節省空間，都會壓縮後陽台的空間，但是設計師持著不同的看法，他認為後陽台，應該是個很愉悅的空間。家庭主婦幾乎每天都要在那裡工作，為了增加工作的舒適度，設計師特別加大工作陽台的空間。

　　另一方面，後陽台也可作為請客外燴的廚房空間，因此設計師在天花及地面釘

了杉木原木，再放些盆栽，猶如庭院般的感受。為了防止蚊蟲飛入，外圍全嵌紗網，加上木條修飾，就可以不必裝紗門，因此沒有進出開關紗門的困擾，同時工作陽台設有後門可通往樓、電梯間，方便佣人清理垃圾、採購等必要進出，不必經過玄關及客廳，對客人也是一種尊重。

起居室和客房通鋪

　　進入起居室即進入了主人隱密的空間，這是進出三個臥室及客廳的緩衝區。實際上，起居室應該說是進出六個區域（三個臥室、公用盥洗室、客廳、儲藏室）的樞紐，為了避免進出這六個區域時，弄

▲客廳與起居室有暗門的設計，可開放，或為了隱私，可以把門關上。

▼和室著重在通鋪的功能，為了風格的統一，沒有東洋味。

得空間到處是門的問題，因此採取全部是暗門的設計，只是在壁板上做出勾縫的設計，就將門藏於無形了。

　　旁邊的客房通鋪，平時也將拉門全部藏入櫃內，讓這兩個空間又合而為一，而且在色調用材上是一致而呼應的。架高地板中間做凹槽，可以不用盤腿坐，中間的茶桌，可以降低鋪平，做為通鋪使用，又多了一個睡房，完全是現代感十足的設計，沒有和室風味，僅強調通鋪的功能。設計師認為，如果做和室的設計，空間將顯得突兀，整個調性會格格不入。

◀ 浴室裡，明亮、乾淨，牆面的畫，內藏玄機，是
浴室用品的收納櫃，五角形明鏡，面面俱到。

主臥室

習慣上，一般臥室的安排，會以馬路邊光線最好的位置作為主臥室，但是本設計案顛覆一般人的想法，符合中國的明廳暗房做法，避免早上太強烈的光線和大馬路邊的噪音擾眠。如此一來，原來主臥和次臥房間的大小就要重新分配，做適當的調整。以咖啡色、金色、黑色為主色調的主臥房，為了有空間擴大效果，特地在床頭主牆釘上木頭壁板，增加視覺的寬與高；壁板上漂亮的白楊木樹榴紋路，顯得樸實雅緻，給人一種寧靜的舒眠氣氛；為了避免太多木頭的感覺，衣櫃全部噴漆與牆同色，這種留白的手法，給眼睛有休息的機會；一般人最易忽略的垃圾筒，主人竟用陶磁花瓶取代，集裝飾、實用與創意於一身；主浴室的地面，全鋪上吸水的棉質地毯，因為乾濕分離的設計，浴室永遠保持乾爽，誰說浴室不能鋪地毯呢？為了避免浴室內用品放在明處的凌亂，全部收納在一個猶如兩幅畫的暗櫃櫃門內；又為了整理儀容時，可以從鏡中環視自己，洗臉台面設計成五角形的明鏡，可以達到這個面面俱到的要求。

次臥室

一系列的淡藍色系，營造出乾淨清爽的氣氛，淺藍白色格子床罩配上相同布料訂做的床頭壁燈燈罩，匠心獨具，櫥櫃全是淡淡的藍色條紋美耐板設計，櫃門全部收圓邊，很柔和，在平面規劃上，所有高矮櫃全部嵌入牆內，整個空間沒有角，而且利用兩個大櫥櫃與主臥室做隔間，節省磚牆厚度的浪費。

因為隔著一個儲藏室及主浴室，因此隔音完全沒問題，而且櫃內空間依功能需求，深淺不一，功能上和主浴室相互為用，櫃內互補使用，機能及美觀兼具，展現設計者的功力。

▲主牆的壁板取代通俗的掛畫，增加視覺的 擴大效果，精選的木材紋 理，比畫更像畫。

▼床罩、壁燈、窗簾一系列的布料搭配，非常用心。

▲三溫暖設備安排在公用浴室，大家可以一起享用。

公用盥洗室

　　這個空間比主浴室更講究，主人認為，公用盥洗室使用的頻率比主浴室高，因此要求空間要更寬敞，三溫暖設備要大家一起享用，所以不規劃在主浴室內。公用盥洗室旁邊，正好是大樓天井，因此利用這個先天條件，開了二個大窗戶，可以使空氣流通；窗戶時時打開，也沒有走光的問題；更利用天井的特色，營造戶外採光的視覺，把天井變成室內花園，隨著季節種植蒔花，在此完全放鬆心情，一邊享受烤箱、按摩浴池SPA的效果，又可欣賞花園景緻，真是五星級總統套房的享受。浴室表面材料，全部採用大理石材質，配合拼花花邊，豪華又不失典雅，鏡檯兩側，兩個透明玻璃展示架，擺上各種外形精美的香水等精品，既實用又美觀，這個盥洗室，給人印象深刻。

儲藏室

　　在空間使用功能上，「ㄇ」字型的規劃，在任何空間都是最有效利用的方式，這個儲藏室也不例外，只是它的收納高櫃設計故意深淺不一，適合各種不同物品的收納，不會因為太深，造成使用上的不便，在一個深15公分、深25公分的空間裡，可以掛到20支雨傘，不用的鞋盒子，可以歸類成為家裡的工具盒，整齊擺放，永遠不會有找東西的困擾。在這個空間裡，挪出一小塊空間，面向起居室，作為展示端景，效果非常好，這種因捨而得的理念，全在設計師的收放之間發揮得淋漓盡致。

　　設計師的「貼心」和「用心」把這個房子的功能和美觀，完全表露無遺，雖說在繁華吵雜的都市裡，卻仍能享受安靜祥和，又有品味的生活美學。

▲ 把大樓天井變成室內花園，隱密又賞心悅目，可以盡情享受使用盥洗室的樂趣。

CASE 2

藝術創作
與聚會的新生天地

「空山新雨後，天氣晚來秋，明月松間照，清泉石上流」，這首王維的五言律詩，是進入這個宅第時的貼切感受。

推開大門，眼前應該是屬於藝術家或文人才能自在呈現的脫俗且創意的家居，眼光穿過中式古典的落地窗，往外即迎見清翠伸展的芭蕉綠葉，目光繼續延展到一片滿綠的公園樹海，驚嘆在都會區，竟能有這種讓人清新也清心的宅第。

首次見到屋中女主人時，感受到她的智慧，卻同時流露自在脫俗的氣質。在言談中，得知女主人雖曾長時間從事高科技行業，卻也同時耕耘浸浴文化藝術及創作，她在偶然的一個機會，看到一棟20多年舊式六樓電梯的房子，樓頂原已加蓋工作室，又有可與摯友促膝長飲的觀星屋及竹林花園，正可以圓她藝術創作的夢。然而當時房子已老舊，必須花心思去整理，及重新安排居家及創作空間的需求，於是設計師與充滿藝術細胞的女主人，聯手克服了屋子老舊的問題，圓了女主人的夢。

規劃當時，發現六樓通往頂樓的樓梯需經過書房，因此樓梯需安排新位置；餐廳空間也過於狹窄；這些問題，都必須一一解決。女主人需有創作空間，加上女主人家中不時有多位藝術家友人相聚，以作品相會交心，如何規劃家中有創作空間及

▲中式窗花落地門，取代匠氣的鋁門。

▼鮮紅的春聯、椅墊…為暗沉的古董家具，帶出屋子裡的生氣。

▲ 窗櫺小盆栽也很有中國味。

展覽作品的地方呢？設計師考量屋主希望將創作工作室及居家結合的需求，於是將樓上規劃為創作、與朋友聚會，及享受空中庭園的空間。加以庭園裡種植錯落有序的綠色植栽，將是一個可以遠離塵囂且與大自然融合的設計；而樓下三房二廳的設計則是以中式古典與現代結合的表現，適合主人的居家需求和品味。

屋主雖經常旅居歐美接觸西方，卻更嚮往東方的沉靜文人風格，希望新的空間能表達那種感受，而且他們希望家中能易於清潔又好整理，敏銳的設計師於是利用了許多不起眼的角落，設計了不同尺寸的收納櫃和展示空間，使女主人的創作作品

有適當的展現舞台，而且她的創作材料以及生活雜物均能整齊地收進櫃子裡。風格上設計師尤能巧妙地回應了主人的品味，使東方和西方、古典和現代自然地結合，所以在客餐廳設計，延用原有的木格窗櫺及古董窗花，稍做整理修飾，成為非常亮眼的視覺焦點，由於中式古董窗花線條較多，因此搭以及簡潔的天花板及簡單的投射燈具，上下呼應，活潑卻又不失婉約，令人讚嘆。

屋主想要維持中式風格的客廳，選擇了一張簡樸雅緻的貴妃椅，適切地傳遞東方風格的主調，但是仍然搭配一個舒適西式的主沙發。這張寶藍帶紫粉紅的沙發，

▲中國字畫為客廳畫龍點睛。

▼餐廳的西畫，是女主人的作品。

▲優游快活的小金魚與冥想的陶製僧人，是擺設的巧思。

選用橘紅色、粉紅色兩個系列的沙發墊，再以地毯及貴妃椅墊做色彩上的呼應和串聯，使跳出其他古董家具的暗沉感覺，以此帶出屋子裡的生氣。

主牆上佩掛有中國名家的字畫，意境高雅。坐在舒適的沙發上感受古典的中國風，陽台上微微傳進清脆的風鈴聲，視覺上自然地流轉到主人的細膩，君不見女主人在中式的小茶几上面放了一個造型簡單的透明水盆，水盆裡有兩隻優游快活的小金魚。水盆旁還有一個陶塑的僧人，正凝神地關注冥想著呢！另一面餐廳的牆上，有兩幅西畫，正是女主人的西畫作品，和客廳的中國名家字畫相輝映。

新的樓梯設計在餐廳旁，也形成一個視覺焦點。樓梯的扶手，在設計上打破一般傳統挑空欄杆的做法，用一條簡潔的線條構成扶手的造型，是半旋轉的呈現。沿著樓梯拾級而上，目不暇給，因為女主人喜歡創作各種材質的藝術品，也喜歡收藏各國藝術品及工藝品，不論是雕塑作品或閃爍碧綠的盆栽，經過她的巧手和巧思，這些作品擺設出幾組有情小世界，彼此對話著，讓人一一玩味！

隨著樓梯走上空中花園，在樓梯的側牆，有一個展示空間，可以陳列各式各樣的藝術作品，為空間延伸加分不少，有如在參觀藝術家的迴廊般。屋主喜歡邀好友

▲樓梯扶手是視覺焦點。

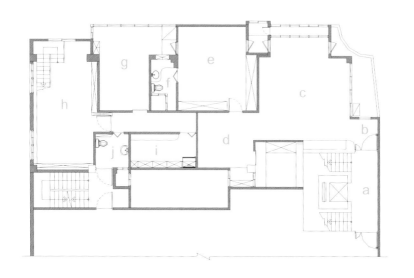

a	梯廳
b	玄關
c	客廳
d	餐廳
e	臥室
f	盥洗室
g	臥室
h	書房
i	廚房
j	廁所

《 規劃前平面圖 》

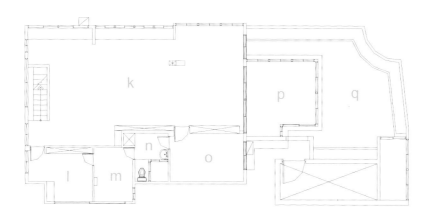

k	工作室
l	儲藏室
m	佣人房
n	盥洗室
o	工作房
p	玻璃屋
q	庭園

《 規劃前樓中樓平面圖 》

A	梯廳
B	玄關
C	客廳
D	餐廳
E	客房
F	室內樓梯
G	浴廁
H	廚房
I	小孩房
J	主臥室
K	更衣室
L	主浴室
M	陽台

《 規劃後平面圖 》

N	起居室
O	畫室
P	儲藏室
Q	佣人房
R	浴廁
S	工作房
T	玻璃屋
U	屋頂花園

《 規劃後樓中樓平面圖 》

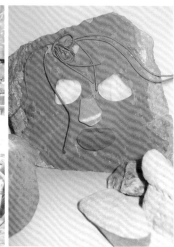

▲巧手巧思，擺設出有情小世界，彼此對話著，讓人一一玩味。

來家裡小聚，而且也喜歡逗養小鳥、聽小鳥鳴唱，頂樓玻璃屋頂設計了一個活動式的布幔窗簾，可以依需要拉開或關起來，夜晚可以拉開觀星賞月，白天可以拉上布幔，讓暖陽從布幔中微微地探頭進來，探見屋主自在慵懶地在大提琴音樂及鳥鳴中享受早點或下午茶。

庭院裡的植栽有蘆葫竹、茄加花、四季海棠、杏桃樹、玉蘭花、軟枝黃蟬、七彩茉莉等等，及爬滿蓄水池牆的綠籐、爬牆虎，一片綠意，鬧中取靜，讓人在繁雜的歲月裡，享有一個意逸沉澱的空間。在玻璃屋裡面擺有藤做的休閒椅及一張原木椅，水缸上面加上一塊大玻璃就是個創意又富美感的咖啡桌，女主人喜歡蒼勁古樸的枯木，所以常可見她以枯木逢春的方式來點綴家中，別有一番禪意。

要滿足一個藝術家業主，設計師的確是完成了一場精湛的演出。

▲玻璃屋內，也是濃濃的中國風，豐富卻不膩。

▲暖陽從玻璃屋頂的活動布幔，微微探頭進來，夜晚可以拉開，觀星賞月。

▲玻璃屋與庭院融為一體，讓空中花園的視野更遼闊。

CASE 3

高雅質樸
的簡潔流暢空間

現代的建築規劃隨著時代的脈動而調整，產品變得更人性化、更多元化，而要求保全管理嚴格，是目前購屋族的另一種思維。再者，如果建築基地夠大，可以採用開放空間設計，多出一樓的空間，作為花園庭院造景，為櫛次鱗比的建築物帶來綠意、免除壓迫感，又可以美化市容、維持大樓的品質，保值性更高。本案所介紹的這個房子就擁有這些先天的優良條件，屋主並不是建築業者，惟對其在投資上所擁有的銳利眼光，與獨到的見解，令人感到佩服。

本案為一近百坪且方正的房子，因大樓管理嚴格，建築外觀不可任意變動，因此，房子的品質，得以一直維持在最佳狀態。在建築上，本案較特殊之處，就是完全不用紅磚做室內隔間，包括盥洗室也一樣，取代的是較新的工法，用石膏板、矽酸鈣板、水泥板等防火隔音材料施工，減輕了許多承載重，又快速、乾淨，這種工法，已是建築工程的新趨勢。

建設公司將這個方正的空間隔成四房二廳，除了兩間有衛生設備的套房之外，另有一套半的公用盥洗室，在各個空間比例上，算是合理。只是每個家庭的需求不一樣，規劃居家空間，就像每個人穿衣服一樣，一定要量身訂做才會合身。房子的條件再好，也總有不足的地方，因此隔間重新做了部分調整。

▲客廳，清幽、簡潔，非常平易近人。

▲音響設備隱藏在半高櫃內，一點都不亂。

有時侯在非常方正的客廳裡，要擠出一個玄關，反而是一件難事，為了不影響客廳的整體性，因此做了一個穿透性的玄關，功能依舊不變，但為了避免玄關方形空間直角的障礙，轉角修圓就是最好的方式，可以讓動線更順暢。

進入客廳，顯現出屋主所主張的清幽極簡的風格，沒有豪華的佈置，空間簡潔明亮，非常平易近人，以「高雅」兩個字來形容最為貼切。多組不同尺寸的沙發，圍成一個「ㄇ」字型，方便交談，在設計「極簡」的考量上，避免大空間流於空洞的缺點，因此在沙發布料上，做了較活潑的變化，深色條紋布配上淺素色沙發布，非常協調生動。地毯也選用同系列米色，很特殊地車了豹紋布邊，框起了會客區的範圍，為客廳做了最好的定位。

由於客廳沒有繁複的設計，所以在大空間裡，添加一些修飾，以達到畫龍點睛的效果！大片的落地窗簾，特地做了精緻的窗簾框造型，突顯窗簾的立體感。半高電視櫃的造形饒富趣味，有變化卻又功能齊全，半高櫃上牆面，貼了天然質樸的文化石，和半高櫃呼應，半高櫃台面上，櫃子內的收藏藝術品，讓整個畫面頓時豐富起來，「虛」、「實」之間，恰到好處。

▲沙發、地毯及家具，顏色、材質搭配得宜，不必豪華，卻很有質感。

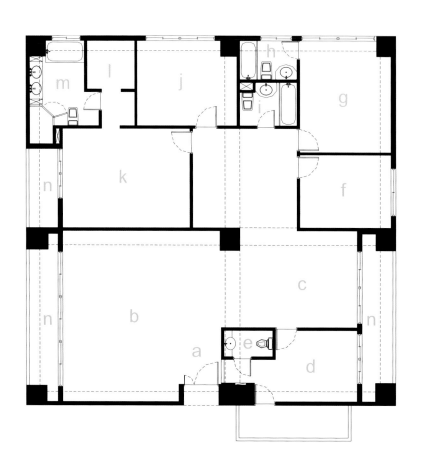

a　玄關
b　客廳
c　餐廳
d　廚房
e　廁所
f　臥室一
g　臥室二
h　浴室二
i　浴室一
j　臥室三
k　主臥室
l　更衣室
m　主浴室
n　陽台

《 規劃前平面圖 》

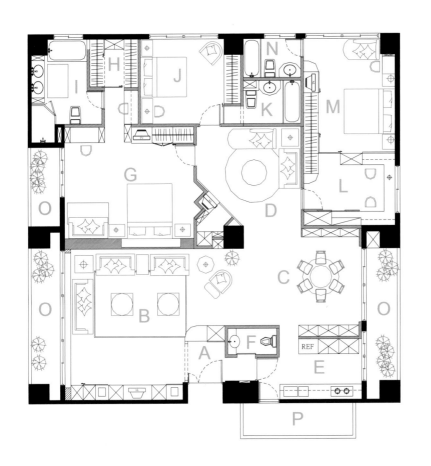

A	玄關
B	客廳
C	餐廳
D	起居室
E	廚房
F	公共廁所
G	主臥室
H	更衣室
I	主浴室
J	臥室一
K	臥室一換洗室
L	臥室二書房
M	臥室二
N	臥室二盥洗室
O	陽台
P	工作陽台

《 規劃後平面圖 》

▲餐廳寬敞，用餐特別輕鬆。

　　餐椅座墊的豹紋布料和地毯的收邊布料一樣，視線很自然地就會沿著地毯由客廳移至餐廳。透過大片玻璃窗，屋主把陽台佈置成花園一般，爬藤植物扮演著遮陽、裝飾的角色，一片綠意的窗景，為這片寧靜的空間增添濃郁的庭園餐廳氣氛。餐廳側面有一座隱藏式的收納高櫃，櫃門表面的木紋，經過一番修飾，儼然是一片裝飾牆，中間挖空，可做飾品擺放，打上燈光，非常亮麗璀璨，為餐廳增色不少。

　　起居室地面的材質和客廳、餐廳一樣，都是光可照人的淺色義大利米黃石。起居室落在屋子正中心點，在風水上居重要的地位，L型的沙發、圓形的地毯、圓形茶几，圓與方兼俱，代表家中人事平安，財氣順遂，此乃神來之筆，為本案加分不少。

　　這個起居室的位置，原來是四個臥室及一個公用盥洗室的走道空間，這麼大的空間，純做走道使用，實在浪費。實際上，這個交通樞紐位置是全家人一起看電視、聊天最好的地方，但是沙發與電視相互擺設的角度最傷腦筋，因為到處都是門，因此要考慮看電視角度的方便性，必須將房門重新定位，騰出放沙發的空間，也要找到放電視機的好位置。

▲餐廳側面的收納暗櫃，儼然是一片裝飾牆。

▼起居室在屋子中心點，方便全家的互動。

▲L形沙發,是聊天互動,最好的擺設方式。

　　首先,考慮L型沙發擺設是聊天互動最好的角度,對角線放電視,可以使沙發上每個人都可以面面俱到看電視,而且對角線是距電視最遠的距離,因此大方向確定了。現在開始必須在房間門上動腦筋了,但又不能天馬行空地大幅度變動,於是在使用功能上,重新定位,想辦法解決問題。方法是把原來的5個門變成3個門,如此一來,空間一樣完整,它是起居室,也是通道,形成了分布在起居室周遭的就是三個套房,並且很技巧地錯開了門對門的尷尬,還兼顧到隱私。利用對角線放電視剩餘空間的角落,隔出一間儲藏室,最重要的是,房屋並未因為這個空間被利用而顯得侷促,因為儲藏室躲在不顯眼的一隅,這是善於利用空間規劃的表現手法。再回歸到起居室實際功能,任何人在L型沙發上看電視的角度都一樣,沒有盲點,動線依然流暢,這是整個房子設計的精髓。

　　主臥室,給人的第一個感覺就是年輕、乾淨、清爽,在一般人的印象中,長輩的房間都是較老氣沉悶的感覺,在這個主臥室裡,看到的剛好相反。當然,男女主人的年紀也不很大,只是在色彩上用得更前衛,粉綠相間的格子床罩,配上嫩綠的休閒雙人沙發,非常清爽宜人。沙發前面的棉毯,也是淺淺的米和綠,大面積的衣櫃和牆面顏色都一樣是米白色,透過大片落地鋁門引進的光源,讓臥室更明亮,令人心曠神怡,加上門外綠色植物的點綴,無形中,可以褪去一天的疲累,永保心情上的喜悅。此外,在牆上很簡單掛了一幅畢卡索的畫,意含夫妻的同心協力、感情恩愛,相當有意思。

▲床鋪與沙發，一字排開，動線流暢寬敞。

▼主臥室粉嫩的顏色清爽宜人。

▲化妝鏡非常精緻。

主浴室是建設公司既有的設備，在洗臉檯面和化粧鏡上做得很精緻，同時把收納和美觀考慮進去，為這個浴室增色不少。

建設公司往往為了賣相，增加房間數量，基於使用的功能考量，決定把兩個房間打通，以書櫃做隔間，成為1/3書房和2/3睡房的互通區域。年輕人的睡房，在用色上更鮮艷明亮，鮮明亮麗的黃色和藍色條紋布床罩最搶眼。因此，床頭釘了大片原木板牆相呼應，創造空間寬廣的感覺，非常有份量；床邊的沙發椅，選用黃藍相間大花圖案的布料，再放兩個素色靠墊，取得色彩的一致性。因為這兩件傢俬的顏色都非常搶眼，所以米色窗簾調和一下是

必要的。這個大方、有個性的睡房，呈現出非常活潑有朝氣的風貌。

原來的客房沒有盥洗室，屋主主張改為有盥洗室的套房，非常貼心，從這一點可以看出屋主對客人的尊重。客房呈現的是睡房最基本配備，簡潔素雅，還很貼心地為客人擺了一張按摩沙發呢！

這是一個高雅、清幽、溫暖的家，屋主完全以功能需求為考量，不講究豪華，以實用遠勝華麗外表的觀念，讓人折服。從每個臥室都是套房可見一般，素雅的佈置風格也看得出來，屋主應該是一個有樸直個性、戀家愛家的人。

▲年輕人的睡房很大方，有朝氣。

▼客房簡潔素雅，方便整理。

CASE 4

別墅當家，
奢華與踏實的平衡點

對於喜愛「別墅」居家型態的人來說，無非是希望別墅除了具備「家」的功能以外，也希望藉由別墅立體的空間，塑造成有天、有地的寬敞環境。更要有別於透天厝的感覺，因此，空間的安排和質感，就是設計的重點。

別墅的氣派，由大門做起，把原來藏在側面的單開大門外移，給了一個大方雙開門的門面，製造了玄關空間，解決樓梯被包住的壓迫感，也為二樓樓梯邊增加一個開放式的書房。

穿過前院花園，推開大門，進入玄關，大片牆上貼了明鏡，為玄關帶來亮麗

寬廣的感覺，因此地面雖然鋪了深咖啡色大理石，而不沉悶，更顯莊重、沉穩。中式雕花細緻的玄關桌，桌上放一盞中式圖案、翹角燈罩的檯燈，角落很有創意地用一盞褚紅色宮燈架起一盆翠綠盆栽。玄關桌下輕鬆地放了一高一矮的菊花，為這個玄關增添色彩，非常有東方質感的韻味。

由玄關邊沿著樓梯上樓，原結構的樓梯階梯是灰白系列的大理石，為了避免無謂的浪費，因此延用原有的灰白色大理石石材，然而灰白色的大理石略顯冰冷，因此在扶手及樓梯附近，以暖色系的咖啡色做調和，殊不知，玄關的中式典雅設計已為樓梯做了伏筆。

▲東方質感的玄關，表現典雅、細緻的韻味。

▼客廳用色大膽，中西合壁，營造出大家風範的格局。

▲ 褚紅色宮燈，架起一盆低矮的翠綠盆栽，仿如迎客松，拾級而上，樓梯扶手勾勒出美妙的步步高陞線條。

一進門就看到樓梯，總是不那麼恰當，因此捨棄傳統挑空欄杆的刻板做法，台度以下，密實封滿，樓梯底部配合做鞋櫃，用勾縫線條掩飾。同時為了避免造成太繁複的牆面，僅留扶手握把處，簡單的木質線條，由平往上斜，勾勒出很美的步步高陞線條。為呼應樓梯吉祥辭意的安排，牆上的三幅畫作也依步步高陞方式而懸掛，很有意思。光是玄關處，就讓人流連駐足半響。

因為空間夠大，所以客廳的地面採用紋路格局較大的奧羅拉大理石，花紋圖案帶點淺咖啡色以及紅色，增加客廳的喜氣，很適合中式風格的客廳，由於大面積的奧羅拉大理石帶來太華麗的感官、視覺，因此，客廳正中間鋪上一片具有厚重感覺且帶有寶藍色龍形圖案的天津地毯，讓客廳又帶有貴氣的感覺。而在客廳主牆上，也以一幅彩色龍形圖案畫作相呼應。

龍在中國以王者自居，家中有龍形圖案出現時，比較不會犯小人。主牆龍形圖案畫作的兩側，放著4幅造型不同、代表福到平安的小茶壺畫。在客廳角落有一盞中國青花瓷瓶的檯燈，非常典雅。

▲餐廳與客廳連貫，空間延伸更寬敞。

▼便餐桌及小吧台可以成為家人茶聚小憩的地方。

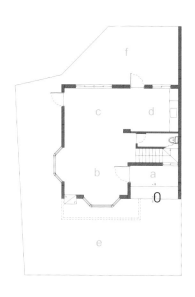

《 規劃前一樓平面圖 》

《 規劃前二樓平面圖 》

a	玄關
b	客廳
c	餐廳
d	廚房
e	前院
f	後院
g	樓梯間
h	臥室一
i	臥室二
j	浴室一
k	浴室二
l	陽台

《 規劃前三樓平面圖 》

m	樓梯間
n	客廳
o	浴室三
p	陽台
q	臥室三

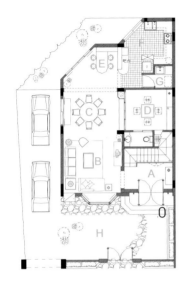

A	玄關
B	客廳
C	餐廳
D	和室
E	便餐台
F	廚房
G	工作房
H	庭園

《 規劃後一樓平面圖 》

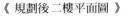

I	起居室
J	盥洗室
K	男孩房
L	書房
M	陽台

《 規劃後二樓平面圖 》

N	主臥房
O	更衣室
P	盥洗室
Q	陽台
R	女孩房
S	陽台

《 規劃後三樓平面圖 》

A	佛堂
B	娛樂室
C	儲藏室

《 規劃後頂樓平面圖 》

▲和室也可以點綴得多采多姿。

　　在夜晚留一盞燈在客廳，倍感溫馨，何況中國風水學上，也有在財位點燈招財的做法，不妨試一試，提升財氣。而客廳沙發座椅的擺飾非常活潑，中西合併，用色大膽，以互補方式，取得協調，配合傢俱的細緻，營造出大家風範的格局。

　　在廚房前面，有個空間，順理成章地設計了一個便餐桌，中間隔著一個小吧台，開放式的空間，吧台可以作為廚房的出菜口，廚房與餐廳沒有壓迫感，便餐桌前落地鋁門打開，就可以走入花園，也可以在這裡享用下午茶，或者與家人茶聚小憩，吃吃小點心，打開窗簾可以觀賞外面的風景，讓人在不知不覺中融入愉悅餐敘氣氛中，也可以偶爾坐在搖籃椅上，享受寧靜的下午時光。

　　餐廳旁隔出一間和室，可以喝茶、聊天或談事情，都不受干擾，利用幾個木板，隔出簡單架子，擺放幾件飾品及盆栽。由於這個空間光源較弱，因此全部以米白色為主調，配上色彩強烈的裝飾品做點綴，讓整個空間亮了起來。

▲以米白色為主調的和室，配上色彩強烈的裝飾品，讓空間亮了起來。

▼書房隔間，嵌一片蝕花鑲邊的透明玻璃，顯得空間加大很多。

▲老式菜櫥櫃，變身成為書櫃，讓書房洋溢濃濃中國味。

　　原有的設計，並沒有書房的空間，設計師把原有的小陽台改為書房，並且以陽台外推的方式，增加書房的面積。書房的陳設，以中國風的擺設方式為主調，利用老式的菜櫥櫃變身成為書櫃，上面擺了兩顆橘子，有中國的「大吉大利」之意。書房旁與樓梯的隔間牆面，上半部把它拆掉，嵌一片有花邊的透明玻璃做半開放式的隔間，顯得空間加大很多，也給樓梯一個視野也延伸的空間。

　　男孩臥房的特色是，擁有整片採光，以及個人獨享的陽台區域，房間掛著男孩喜歡的車子圖案，床單也是車子圖案，活潑的擺設與小男孩調皮的個性頗相似！也基於男孩調皮的個性，因此不設計中規中距的睡床，特別架高部分地板，劃出睡覺區域，再放上活動彈簧墊，要選擇睡地板式或者彈簧墊都可以，讓男孩享受整片寬敞的空間而不受拘束，非常愜意。

　　當一樓的客廳招待客人的同時，為了讓家庭的其他成員有另一個使用空間，二樓的起居室，遂成為顧及隱私的場所所在！溫馨、舒服、放鬆是起居室的主調，因此沒有一樓的中西合璧氣派的風格，二樓起居室的簡潔，讓家人在此完全放鬆地享受天倫之樂。

▲二樓起居室的簡潔，讓人在此完全放鬆地享受天倫之樂。

▼男孩房非常有個性，和調皮的小男孩性格頗為相似。

▲男孩房的活動書桌，可以任意調整方向。

起居室延伸到戶外露台，可以不必到一樓的庭園，就可以享受到戶外的感覺，尤其在黃昏之際，可以在此喝喝咖啡、泡泡茶、談談心，有別於一樓庭院的感覺。

三樓的整個平面地板皆用柚木實木地板鋪設而成，非常穩重，主臥室及女孩房安排在這個樓層。女孩子天性上就比較讓父母操心，因此，安排住在同一樓層比較放心。而男孩在二樓雖離父母較遠，也是訓練他獨立個性的機會，這是屋主體貼的方式。

主人房暖色調的設計，穩重成熟，化妝台上面有一個玫瑰花造型壁燈，非常可愛，床頭上面有個檯燈，可以控制調光，讓房間感覺更有羅曼蒂克氣氛、溫馨的味道。

女孩房床組兩側有對稱的兩個窗，百頁簾及格子布捲簾的設計，成為一種裝飾，同色系黃、粉、藍揉在一起的碎花布拿來做床罩，鋪棉車成菱形格子，立體感十足。整個氣氛，很有女性的嬌柔味道，粉粉嫩嫩的，連床頭主牆的畫飾也是女人味十足。

這個房子空間的定位非常清楚，沿著樓梯而上，都有不同的空間轉換。也因為在這個有天有地、寬敞的空間裡，沒有奢華不實際的設計，很踏實，因此不會因為家中成員的成長，改變使用方式，而必須再辛苦地重新裝潢。

▲以暖色調為主的主臥室，呈現穩重成熟又富羅曼蒂克的風格。

▼女孩房的氣氛，有嬌柔粉嫩的味道。

CASE 5

大坪數空間
的蛻變伸展

對於大坪數的居家規劃，設計師的思考邏輯與一般坪數的居家設計，必須有著不同的概念。通常大坪數的設計，並非僅僅將30幾坪的室內空間功能，予以放大三倍，如此簡單而已，而是在大坪數空間的設計裡，除了一般居家的實用性以外，還要兼具業主的社會地位與聯誼交際……等功能，作為設計的重點。此個案最具挑戰性的是，它有四個各自獨立的單位，要把它打通，合成一戶使用，光是四個大門，還有每戶既有的衛浴和廚房等管線問題，如何取捨、如何克服工程上的盲點，又要考慮設計的基本要素以及業主的需求，實在不容易，也給了設計師一個難得的表演機會。

雙玄關

本案的坪數有100坪的空間，因為原有結構特殊平面的條件，將無法充分利用的轉角空間，規劃為入口外玄關的小花園，因為有足夠的空間，所以特地設計了內、外雙玄關，讓主人回到家門口，先有心情轉換的感受，喜悅油然而生，以舒暢的心情，迎向這個家人共同努力打造的家。

開門進第二個玄關，內玄關正面依牆擺著一個貼上金箔的矮櫃，櫃上置蘭花盆栽，如此簡單的擺設，令人頗感意外，誰說百坪的豪宅，非得設計得金碧輝煌、令人眼花撩亂的感覺呢？如此簡單素雅的擺設，反而清幽地讓人一進門即放鬆心情，頗有褪去一天緊張忙碌疲憊感的功能。玄關寬敞的設計，凸顯出這棟房子不同凡響的氣派。

▲外玄關的花園,讓主人回到家有心情轉換的功能。　　　▲內玄關的金箔矮櫃蘭花盆栽,清幽地讓人放鬆心情。

▼雙客廳的設計,展現大家風範。

▲ 陽光、天然杉木板、鵝卵石與流水組成的花園陽台，為都市叢林帶來生趣。

客廳

本案是由四個單位合成，因此狹長型的空間，成為設計上的難點，設計師為了不浪費因各個小空間組合所形成無謂的走道，特別採取穿透性手法，把客餐廳定位在房子正中間，引導視野延伸「雙客廳」的設計，在功能上是全家人的焦點，也是視野最好的地方，在空間的定位上，已經跨出成功的第一步。這麼大的客廳，免不了要有家庭劇院的規劃，螢幕及投影機隱藏在天花板上，以遙控的方式，能夠伸縮滑動於上下之間，節省擺置上空間的浪費，以及客廳視覺上的突兀。

相對的，電視、音響……等屬於視聽類的器材，一樣全部隱藏在櫃子內，觸目所及，全部是賞心悅目的飾品，沒有任何牽強的東西出現。而一般住家最傷腦筋的就是鋼琴的擺設，而本案的鋼琴位置，擺得真是恰如其分，嵌在一個內玄關與客廳隔間裡的角落，既不佔空間也可以在客廳演奏，賓主同歡。屋內利用隔間牆上方的透明玻璃，作為穿越內玄關時，採光的光源所在，並可穿透客廳視覺延伸的效果。沿著流暢的動線，引導客人自然來到客廳，而且眼睛所及最深處，嵌了有投射燈展現的琉璃飾品，使屋內原本單調的角度，變得豐富。

餐廳與花園陽台

坐在餐廳內，視覺焦點不由自主的，一定會聚焦在精心佈置的室內花園陽台上。這個綠意盎然的花園，有源自天然的杉木板、有鵝卵石、有三層四方形的流水，這是犧牲小部分室內空間，把原有陽台再加大的傑作，可謂「捨」了部分室內空間，卻「得」了難得的花園景觀，這個「捨得」真是「值得」。

▲四個單位打通的狹長空間，以穿透性的設計手法，把空間運用得淋漓盡致。

▼揭開窗簾，自然光源從窗外曳灑進來，延伸了雙客廳的視野。

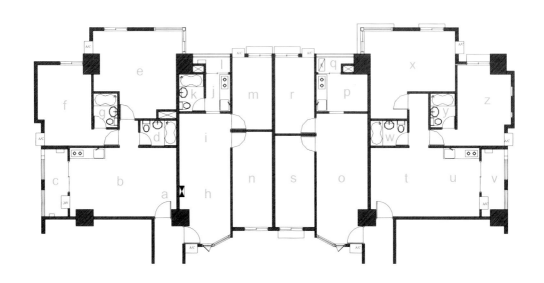

《 規劃前平面圖 》

a	客廳	j	廚房	s	臥室
b	餐廳	k	浴室	t	客廳
c	陽台	l	陽台	u	餐廳
d	浴室	m	臥室	v	陽台
e	臥室	n	臥室	w	浴室
f	主臥室	o	客廳	x	臥室
g	主浴室	p	廚房	y	浴室
h	客廳	q	陽台	z	臥室
i	餐廳	r	臥室		

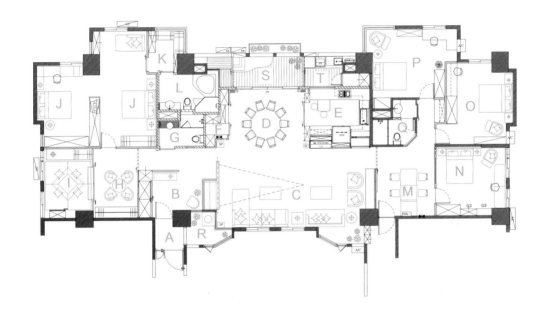

《 規劃後平面圖 》

A	外玄關	J	主臥室	S	造景陽台
B	內玄關	K	更衣室	T	工作陽台
C	客廳	L	主浴室		
D	餐廳	M	起居室二		
E	廚房	N	臥室二		
F	儲藏室	O	臥室一		
G	公共盥洗室	P	臥室三		
H	起居室一	Q	公共盥洗室		
I	和室	R	造井		

▲白色系列廚房，乾淨、明亮，非常討好。

在用餐時，整片落地窗，加上綠意的陽台花園造景，此時，窗外燦爛的陽光曳灑進來，彷彿置身於花園別墅，一邊用餐，一邊欣賞窗外的景致，充滿著浪漫的用餐氣氛；而每當夜幕低垂或夕陽西下，在此觀景、冥思、傾聽大自然呼吸聲，彷若將自己遺忘在城市邊緣。

餐廳的天花板，為了呼應圓形餐桌的造形，做了複層式的圓形天花板，配上圓形半吸頂水晶葉片燈，燈光間接投射，非常柔和，在這種燈光美、氣氛佳，又美食當前的餐桌上用餐，真是一大享受。

U字型的廚房，全採用一系列的白色，讓人感覺很乾淨、很明亮，有一個大的收納櫃，將所有廚房的必須品納入收納櫃，可以讓流理檯淨空，有足夠的空間做烹飪料理的工作。料理台上看不到任何廚房使用的設備，也有利於流理檯面的清洗工作，可以隨時保持料理台的整潔。

起居室

客廳的兩側，規劃成分屬長輩房、子女房、客房與主臥房等三代的臥房，並分別以兩個不同使用功能的起居室當成緩衝的區域。其中，休閒型態起居室靠近主臥室，因此在起居室前面特地做一個活動式拉門，方便起居室跟家人共同使用，或者拉門一關，就成為主臥室單獨使用的空間，讓空間視覺多變化。另一個多功能起居室，靠近子女房，讓年輕人可以當作會議、讀書、牌藝……等的用途，也是喝下午茶的最佳場所。

▲餐廳與花園陽台相呼應，讓用餐氣氛充滿著浪漫。

▼多功能起居室，讓家人有喝茶、會談、讀書、下棋的地方。

▲別緻的客用盥洗室。

主臥室

即使是夫妻，也會有生活習慣不同的地方，有時候為了保有彼此間的個人空間，又要兼顧夫妻共同生活的整體性，因此另外隔出一間有書桌讀書功能的臥室，隔間互通，讓兩人可以彼此互相照應，卻不受打擾，當然這個房子要有足夠的坪數可以發揮，才能擁有這個享受。

臥室裡面有一個私人的更衣室及兩個衣櫃，可以容納屋主喜歡採購的欲望。穿過更衣室可以進到他們私人的浴室，浴室的設計有一個按摩浴缸和蒸氣淋浴間，在洗澡的時候也可以觀賞窗外的花園，享受泡澡的樂趣。浴室採用乾濕分離，淋浴跟按摩浴缸擺在一起，可以方便淋浴完，直接到按摩浴缸泡澡，不至於因為浴缸離太遠，造成浴室的地板濕答答的，如此一來浴室可以永遠保持乾爽。

公共廁所

洗臉檯的造型完全顛覆傳統的設計，底部挑空的矮櫃上面架設一個像碗公的洗臉盆，顯得別緻有趣，化妝鏡特地選了一個古典的鏡框，鏡框內還鑲了石質邊框的造型，跳脫廁所的既有模式，使得廁所感覺起來很有質感。

這是一個設計精采的案子，把都市叢林的水泥房子，變成置身在花園別墅一樣，尤其再回顧沙發前面的咖啡桌，居然因沙發的造型，特地做不同的搭配，訂做高矮不一卻又同一型的咖啡桌組合，真是難能可貴，其他地方的用心，就不言而喻了。

▲ 主人擁有自己使用的起居室，讓人羨慕。

▼ 簡潔而高雅的主臥室。

CASE 6

舊房子
的品味新裝

　　現代的建築，日新月異，品質一直在提升，無論如何，一般人總是比較喜歡新房子，相對的，就很容易感性地包容了它的缺點，同時卻忽略了舊房子的優點。

　　有一天，設計師的朋友來訪，表示想買房子，請給他一些建議。設計師說，首先考慮「地點」，這是全世界不二的準則，再者，決定新房子還是舊房子。選新房子，必須付出公共設施比例頗高的代價，新房子的室內基本隔間、配備已完成，若不盡符理想，勢必還要再付出另一筆二次施工的費用；相對的，舊房子室內坪數比

較實在，一樣要裝修，往往可用買新房子在建築上虛坪浪費的錢，拿來裝修舊房子，可能還綽綽有餘。但是在決定買舊房子之前要考慮兩個前提，一是地點要好、建築物房價單價高的地段，再者舊房子的基本條件不錯，可以再賦予新生命者。

　　因此，本案的主人，拋開了對舊房子排斥的藩籬，幸運地找到這一戶地點好、三面採光、空氣流通、有前後門、基本架構不錯，唯一的缺點是室內隔間比例頗為奇怪的房子。

▲玄關與客廳以毛玻璃作隔屏、彼此若隱若現，為空間增加神祕性。

▲適當的擺設，襯托主人的品味。

原本近40坪的室內空間裡，有玄關（1.8坪）、有廚房（2坪）、有和室（1.7坪），這三個空間的坪數幾乎一樣大，在實用上是不合理的。另外，主臥室4.8坪，主浴室5.4坪，想不透為什麼主浴室居然比主臥室還大，或許原來使用者有其不同的思維，然而呈現出來的空間就不是一般人都能接受了。也正因為如此，本案主人才能比一般人輕易地買到這種其貌不揚，實際條件不錯的房子。由於建築基本架構中規中矩，室內再造不難，在大家的期盼下，終於開始大刀闊斧地裝修了。

室內裝修的第一步，就是把所有不恰當的隔間全部拆除，功能重新定位，隔間重新配置。
①把原有外推的陽台拉回來，成為花園；
②主浴室成為書房；

③更衣室成為主浴室；
④公用盥洗室成為臥室；
⑤和室成為公用盥洗室；
⑥部分餐廳成為儲藏室。

基於原來隔局空間比例較另類的省思，因此在各個區域坪數的分配上，必須格外用心，以一般人都能接受的三房兩廳兩衛為主架構。因為主人愛狗，當然少不了也要有一個足夠養狗的陽台和狗浴室。主浴室和公用浴室都能很難得地移至有窗的位置，更值得慶幸的是，把已經外推的陽台再還原，甚至再加大一些，成為難得的小花園。這個決定深得主人的肯定，雖然室內空間少了一些，主人至今一點也不後悔，反而非常得意這個明智的決定，因為這個小花園，給生活帶來無限的情趣。

a	梯廳
b	玄關
c	客廳
d	餐廳
e	和室
f	主臥室
g	主浴室
h	浴室
i	臥室
j	廚房
k	工作陽台

《 規劃前平面圖 》

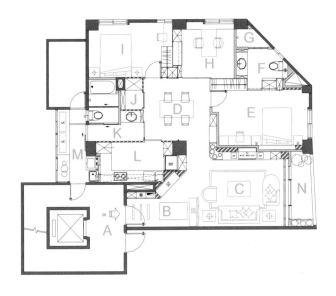

A	梯廳
B	玄關
C	客廳
D	餐廳
E	主臥室
F	主浴室
G	淋浴間
H	書房
I	客房
J	儲藏室
K	公共浴室
L	廚房
M	工作陽台
N	外陽台

《 規劃後平面圖 》

第二步，將原有給水系統全部廢棄，所有給水管路，全部由頂樓水塔，單獨配新管使用，排除和大樓主幹管共用的諸多問題，室內給水以水管外露明管的工法施工，卻全部隱藏在天花板內，方便維修。

第三步，排水問題，讓盥洗室的位置回歸到建築結構管道間附近，免得增加某些區域地板不必要的墊高，及管路太長帶來的後遺症。

第四步，室內電線全部抽換更新，重新計算負載，歸類標示清楚。如此一來，房子的基本元素和新房子有什麼兩樣？甚至更周到！

在風水學上，明堂越深越好，屋形最好前窄後寬，以本案的玄關論風水，可算得上是一百分了。玄關與客廳的隔屏，以噴霧和透明玻璃組合，取代實牆，配合另一邊以

45度角，放寬斜放的飾品高櫃，成就了前窄後寬、深三米六的玄關空間。再藉由因毛玻璃採自然光源的透視效果，相互為用，造就了無限延伸的視覺，很自然地引導動線方向。這已不只是風水的定義而已，而是動線流暢、視野開闊的詮釋，讓人由玄關轉入客廳，有一種柳暗花明又一村的舒暢。

進入客廳，視覺焦點馬上落在客廳邊的小花園，穿過花園，視覺又得以延伸到室外的一望無際，彷彿置身世外桃源一般。為了滿足屋主喜歡蒐集世界各地藝術品的嗜好，設計師特地規劃了數個飾品櫃，可供收藏賞玩。舉凡英國的高級磁杯、日本可愛的玩偶、質感極佳的泰國絲製品、中國古樸莊嚴的佛雕像……等等不一而足，觸目所及，熱鬧非凡。在此一提，屋主人雖已擁有數百個造型花色各有特色的陶瓷杯收藏，卻仍然持續在添購中，實在是個癡心玩家！

▲動線流暢，視野開闊，玄關至客廳，讓人有柳暗花明又一村的舒暢。

▼藝術品俯拾皆是，走到哪裡，看到哪裡，真是一眼望不盡。

▲ 屋主收集世界各國的藝術品，讓客廳增添異國風味。

坐在客廳 L 型的素雅沙發上聽音樂，又能沉浸在充滿著異國情調的氛圍中，這些收藏品成了主角。當然這是屋主特地要求的結果，透過設計師的巧思，給了這些藝術品表演的舞台，這個舞台延伸到餐廳，真是看也看不完。

筆者最喜歡的是餐廳一隅，特地為杯子設計一個內部打格子的展示櫃，每個杯子各自展現著不同的韻味，它們的美，無法用言語來形容。餐廳的氣氛，就靠四周圍的精品撐起一片天，這已經不只是為了在餐廳吃飯而設計的空間了。餐廳在房子正中間，沒有光源，借自書房開放式拉門之賜，得以將書房的光線移至餐廳，再藉助書房的景觀窗，讓視線得以延伸，近觀窗台小擺飾，遠看藍天，這個借景手法也是一絕。

書房不刻意局限在某種風格中，大片的噴砂玻璃門，可以完全拉開，讓書房成為全開放空間。靠窗邊平台上，各式各樣的小盆栽，小巧可愛，妝點出書房的活潑有生氣。在書桌桌面的玻璃墊下，特地壓了一條泰絲的布料，減少書桌的沉悶，隨著不同的季節，放置不同質料的泰絲，點綴出書桌不同的風情，也轉換不同的心境，這是一個很好的構想。牆上也有一條橘紅色的泰絲掛飾，一幅中式窗花雕刻，漆上非常少見、溫潤柔美的綠顏色，屋主甚至於自己加工，特別在畫框下，錯落有致地掛上玉石串起來的飾品。屋主幫書房著色的手法，看得出來其一心一意要跳脫書房小空間的沉悶氣息，也成功地變成一個明亮、活潑、有生氣的書房。

▲坐在客廳，視覺自然延伸至客廳邊的小花園。

▼書房不必嚴肅，可以非常隨性的陳設，享受書房的悠閒、輕鬆。

▲餐廳一隅，以展示櫃呈現杯子的收藏。

書桌前面有一個高櫃，舉凡書房內的事務用品，全部收放在裡面，兩片拉門一關讓櫃內事務機器等的凌亂得以藏拙，打開時，又可供多功能使用，這樣周到的設計可以讓書房容易整理，一點都不亂，難怪可以做開放空間的呈現，讓書房和餐廳結合，增加空間視覺的享受。

來到主臥室，看得出來，屋主不喜歡華麗花俏的佈置，這是一個看起來很樸素的房間。床頭壁燈取代天花板主燈，很簡潔，米色的床罩、一系列淺色的櫃子，突顯房間格外的高雅，尤其是主浴室也是清一色米白系列，整個臥室的整潔清爽，在極簡中透露出屋主平實素雅的心境。

公共浴室的設計最為特殊，刻意把洗臉台拉到盥洗室外面，設在餐廳邊的公共區域，也很方便單獨的洗手用途。這個位置的安排非常高明，顧名思義，可以達到公共使用的目的。因此，整個造形做得特別精緻，非常有質感。化妝鏡四周，讓鑲著花紋圖案的大理石作邊框，日用品及毛巾桿等都藏於無形，只看到台面上漂亮的小盆栽，圓形透明水盆裡悠游自在的小金魚，並感受到散發著淡淡薰衣草香的氣息，令人陶醉。想不到，跳脫洗臉台必須在盥洗室的刻板做法，竟也有它「不安於室」的驚喜。

屋主旅居日本多年，成就了他宏觀的視野和品味，對藝術品的鑑賞有獨到之處，對美感的素養，更有過人之處，因此家裡的佈置、變化，信手拈來都是傑作。也難怪這個家，多年如一日，越住越漂亮。

▲主臥室以淺色系列為主調，在極簡中透露屋主平實素雅的心境。

▼主浴室為白色系列，整潔清爽。

▼公共盥洗室，洗臉台拉到盥洗室外面，有著不安於室的感覺，拼花大理石作鏡框飾邊，細緻美麗。

CASE 7

小坪數套房
的豐富生活

寸土寸金的都市生活，讓剛進入社會工作的年輕人，想要擁有自己的居家天地，是非常困難的挑戰！而面對付出少少的自備款，購買一間下班回到家後，有一個放鬆肢體、沉澱思緒的場所，其實是很容易實踐的夢想，小套房是一個不錯的選擇。

但是一般小套房的空間，往往無法落實自我品味與生活習性的基本需求，大部分的人買了小套房後，才發現空間過小的問題；然而事實並不致於此，最主要是得慎選建築產品，再找到一位可以巧奪天工的設計師幫忙，一件完美的作品，即可渾然天成。

現在要介紹的這個案子，是一間新房子、小套房，室內樓板淨高3米9，位於電梯大樓的壹樓，所以它有壹樓獨立出入的方便，又有花園庭院可供賞玩的私密空間，位處鬧中取靜的巷子裡，因此沒有吵雜的問題，是擁有如此多優良條件的房子。當然啦！這種條件的房子是可遇不可求的。

屋主要求麻雀雖小，要五臟俱全，8坪的空間要有客廳、書房、廚房、餐廳、工作陽台、臥室、更衣間、儲藏室、盥洗室，更增加了設計上的難度。如何在8坪的室內空間，設計出都市小豪宅的模樣，並讓8坪的套房能夠落實自我品味與生活習性的基本需求，往往考驗室內設計師的設計功力。

▲3米9的挑高，讓客廳的立體感十足，呈現8坪的都市小豪宅風範。

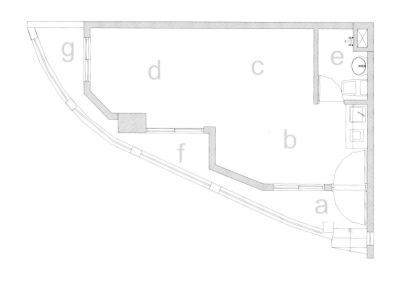

《 規劃前 平面圖 》

a　外玄關
b　餐廳
c　客廳
d　臥室
e　浴室
f　工作陽台
g　陽台

　　本案以中性色彩為基調，大量採象牙白色系設計，利用樓高3米9的挑高特性，規劃出8坪起居空間集中在底層，而主臥室、更衣室、儲藏室等，安排在挑高的樓中樓5坪的隱私空間裡。樓中樓剩餘的3坪空間，仍保有挑高3米9的原貌，得以在都市小別墅（套房）的客廳裡深呼吸，感受它高挑的氣派。

雍容自在的別墅型客廳

　　挑高3米9的客廳，是套房小豪宅的基本條件，看客廳的純白主牆，與電視機後渾然天成的文化石組合，再放眼客廳外，花木扶疏、撲鼻的花香，身歷其境，猶如置身別墅的風味，是讓人在下班後，得以紓解一天疲勞、放鬆心情的場所。有限的空間裡，在地面鋪上淺色的地磚、白色的沙發，讓人忘記了8坪空間所帶來的壓迫感，反而呈現出一片溫馨舒適的視覺印象。

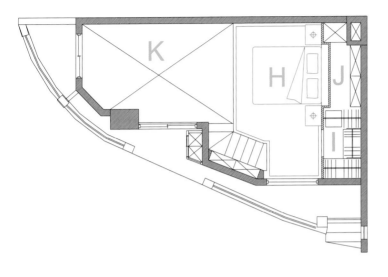

A	外玄關
B	客廳
C	書房
D	餐廳／廚房
E	浴室
F	工作陽台
G	陽台
H	臥室
I	衣物間
J	儲藏室
K	挑空

《 規劃後平面圖 》

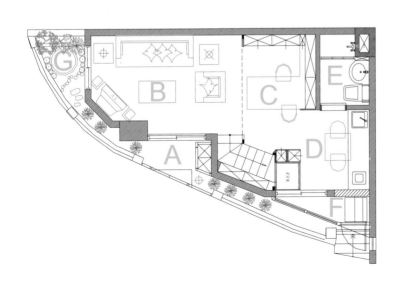

《 規劃後樓中樓平面圖 》

▲窗外一片花木扶疏。

在挑高大片主牆上，掛了五幅畫，避免一幅大畫的壓迫感，同時分成五幅小畫，可營造室內的活潑氣息。在客廳裡，特別選用落地燈做為主燈，打破挑高的房子一般人都用水晶吊燈做主燈的迷思，讓天花板留白，希望藉由極簡、寬敞、舒適的空間感，創造輕鬆怡然的情緒。

這是一個完全沒有設計主燈的房子，因為設計師希望小空間盡量簡潔，避免主燈帶來繁複及壓迫感，全部以落地燈、檯燈及部分小嵌燈為主，更能在不同空間、不同時間，營造出不同的氣氛。

功能齊全的廚房與多功能空間

套房裡，廚房的功能往往僅是聊備一格的設計，然而沒有完整的廚房功能，就不是一個「家」，因此無論套房的空間較小，擁有一應俱全的炊煮設備，是最起碼的要求，而這也是設計師如何突破單純套房制式設計的盲點，躍升成為小豪宅的關鍵所在。

因此設計師給予本案全套的廚房設計，並將廚房與飯廳，作為生活起居的空間延伸，一張可掀式、桌面鑲嵌磁磚美麗圖案的木桌與料理台結合，可以隨時收隨時開，是料理桌的延伸、是餐桌、是工作檯的功能，將起居空間成為無限使用的可能。在這個空間裡，另做了隱藏式的收納壁櫥，將電器用品、飲食餐具、書籍……等，全部集中收納於壁櫥中，讓小空間不會被雜物所佔滿，使空間看起來更清爽整齊。

▲挑高客廳，捨棄吊燈，改採重點燈光，營造溫馨舒適的視覺印象。

▼庭院內鳥語花香。

▼在都市小套房的客廳裡，竟有置身別墅風味
　的享受，難得！值得！

▲利用飾品櫃的投射燈 當走道燈,賞心
悅目。

最可愛的一點是在壁櫃側面,用深色地毯做邊框,鑲了大片軟木板在中間,讓主人生活起居的點滴、情緒的紓發,都可以優遊自在地在這片軟木上呈現,每天的生活花絮,無意間在此造就了一幅別出心裁的大壁畫。另有高櫃,裡頭裝了嵌燈,讓屋內的空間及燈光呈現出溫潤光滑的觸感。在客廳與廚房中間由一張很大的書桌串連而成,這張書桌扮演著極重的角色,它的功能無限,想在桌面上做任何事都可以,最厲害的一點是,書桌內竟然做了一個隱藏式的印表機及傳真機等擺放事務機器的地方,在廚房轉彎死角的地方,也做了兩個防潮箱,增加室內的使用空間。

上下空間轉換的樓梯

樓梯全部木製,在上樓梯的梯階裡層,全做了收藏櫃,左右開的櫃門、上掀式的櫃門或抽屜等暗門,不一而足,可以收藏家中各式各樣的用品,完全沒有浪費的空間,樓梯側牆的展示櫃設計,為視覺帶來了新意,典雅的飾品擺飾及燈光打造下,讓飾品增添無限風華,讓爬樓梯成為一種享受,拾級而上,賞心悅目,讓客廳與臥房之間,成為心情轉換的通道,也是由公共空間成為隱私臥房空間的區隔所在,算是非常精巧的設計。

▲廚房與餐桌，成為生活起居的延伸，是餐桌也是工作檯，讓小豪宅五臟俱全。

▼桌面鑲嵌磁磚可掀式的料理台，讓
　小套房也能享有都市的精品風格。

▼客廳通往臥室的樓梯內側，以展示櫃設計收藏飾品，帶來
　視覺的新意，一路賞玩這個樓梯，上下百回都不累。

▲女主人的收集。

浪漫的主臥室與更衣室

　　由於本案3米9的挑高空間，不算是具有太高的站立尺度，因此為了不要有壓迫感，直接在夾層地板放上彈簧睡墊，睡覺區域就不再是一般人局限在一張床的範圍內，而是更寬廣、更有放鬆舒適感，達到十足的休憩空間效果。燈光設計又是一絕，設計師別出心裁地在夾層樓板內嵌了一盞照明燈具，可依需要調整光線的明暗度，無論是幽雅、浪漫、溫馨的氣氛，盡在主人的掌握中。

　　除了主臥室外，在8坪大的套房裡要有更衣室，簡直是緣木求魚般的不可能，然而本案的設計師卻做到了！為了讓女主人在空間單純舒適又有收納衣服的作用之下，在床的後面，設有一個隱藏式的更衣室，裡面放有春、夏、秋、冬四季的衣服，及女性的各式皮包及絲巾，是一個很大的更衣空間。而具有隱藏效果的更衣室設計，成為女主人完完全全的私人空間，看得出來，每個地方都斤斤計較地充分便利，空間一點都不浪費。

　　這個案子的最大特色是麻雀雖小、五臟俱全，挑高3米9、平面8坪大的屋子，卻可以創造出13坪的使用空間，讓室內一點壓迫感都沒有，甚至讓室內空間有放大兩倍以上的感覺，小小的套房坪數，大大地延伸了活動的空間。隱藏式的收納方法，更是巧奪天工，這是一個完美的演出，樹立了小兵立大功的典範，精典之作。

▲挑高夾層的主臥室，可以居高臨下、鳥瞰全室，很有特色。

▼主臥室溫馨、優雅、浪漫。

CASE 8

西式中風，
空間創造新概念

　　在市區，獨棟、四面採光的房子，可以稱得上是稀有產品，雖然這些房子，往往都是頗有年歲的舊公寓，然而，因為有著前述的優點，並不礙識貨人青睞的眼光。

　　本案房子原來的缺點：浴室位置在房子的正中間，造成通風不良的現象，另三根大柱子集中在房子正中間，平面規劃有其困難之處，原有的格局太過複雜，動線不流暢，每個空間非常窄小……。然而屋內採光明亮（四面採光）、空氣流通，光是這樣難尋的優點，瑕不掩瑜，值得替這個房子下功夫，重新改造，讓人耳目一新。

　　由於原來的格局，有一個L型大陽台，完全無利用價值，因此把陽台外移，增加室內空間；玄關與客廳的地面，故意製造高低落差，玄關地面鋪上容易清潔的深色大理石，讓進門時鞋底的灰塵，僅止於玄關，也象徵性表示步步高陞的意味。

　　玄關與客廳用半高隔屏區隔，隔屏上半段挑空，中間部分鏤空，兩者相互呼應，得以讓視線延伸。四腳提高挑空的玄關矮櫃，外型輕巧，整個空間非常簡單大方，讓人進門有自然輕鬆的感覺。

　　客廳、餐廳是採取中西合璧的蒐集式設計。一般而言，中式的設計容易流於沉悶，而西式的設計較為開朗，卻少了一點韻味，通常中西合併的傢俱往往讓人有突兀的感覺，如何在整體協調的搭配下，讓中西合併的設計，呈現出沉穩又不失色彩分明？本案在設計師樸實品味的手法下，

▲中式家具的沉穩、西式家具的明亮舒適，蒐集式的設計，讓屋子顯得亮麗又端莊。

▼綠色盆栽，紅色金邊的裝飾畫，配合和室的鏡門，讓餐廳有加倍擴大的呈現，色感十足。

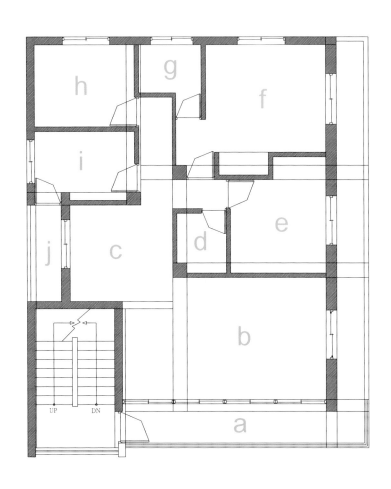

《 規劃前平面圖 》

a	前陽台	f	主臥室
b	客廳	g	主浴室
c	餐廳	h	臥室
d	浴室	i	廚房
e	臥室	j	陽台

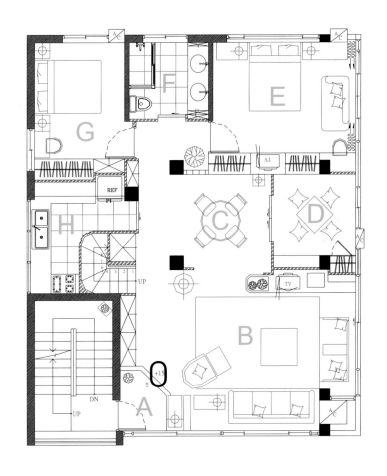

《 規劃後 平面圖 》

A	外玄關	F	公共浴室
B	客廳	G	臥室
C	餐廳	H	廚房
D	通舖		
E	臥室		

▲別緻的玄關，隱含步步高陞的意義。

西式藍色的長沙發、紅色中國花瓶圖案的扶手單椅、中式的貴妃椅，配上圖案非常簡單的天津地毯，讓空間的場景，有完全融合為一體的感覺。

隱身在沙發角落裡，從老廟建築屋頂拆下來木雕材料製作而成的檯燈，顯得特別典雅，在客廳裡頗具畫龍點睛的效果。朱紅色並點綴金色畫雕的古代宮燈，成為沙發對面綠色盆栽的花架，對應著電視矮櫃旁的花槽，種滿色彩鮮豔的菊花，讓室內充滿了生氣；由此可以看出，設計師有意擺脫老舊房子的印象所做的努力。因此，以大膽鮮明的顏色，讓整個屋子呈現亮麗又不失端莊穩重。這個設計手法，為大家的色彩學上了一課。

再看餐廳，用色與客廳如出一轍，牆上四幅紅色金邊的裝飾畫，點亮了整個餐廳的氣氛，和室房四片以玻璃鏡子嵌成的落地拉門，包圍整個餐廳，配合牆上的畫作、綠色的盆栽，整個場景加倍擴大的呈現，讓人有置身鏡宮裡飄飄然的感覺。另外值得一提的是，房屋原結構正中間有三根麻煩的大柱子，如今有兩根利用隔間將它消失於無形，而第三根柱子作為客廳、餐廳自然的區隔，反而讓這根柱子成為隔間上不可或缺的設計。而設計師為了加強這根柱子區隔的效果，反而加寬了柱子的面積，讓柱子成為小小的「裝飾牆」，掛上壁鐘，配上盆栽，正好形成了客廳與餐廳的完整區隔。設計師不著痕跡地將平面空間玩弄於股掌之間，其設計專業功力，已達爐火純青的地步。

▲加寬了柱子的面積，形成裝飾牆，搭配壁鐘與盆栽，讓客廳與餐廳有了完整的區隔。

▲南洋風味的椅墊、埃及風味的畫作、現代拉簾，和室不
一定要有日本味。

對於客房空間，要具有通舖的功能，未必一定要設計成具有東洋和室的味道，設計師給茶桌邊的座墊是南洋風味，牆上掛的是埃及風味的畫作，窗簾是簡潔的現代拉簾，這個安排，和客餐廳中西合併的設計手法，有異典同工之妙。

由室內通往頂樓的樓梯，也是刻意安排在一個完全不影響任何空間的使用，並兼顧美觀的角落位置，樓梯下可以兼做廚房空間及收納空間，頂樓很輕鬆地做了一個簡單庭園，供休憩使用。

盥洗室由原來房子的中間位置，移至靠邊有窗的地方，位於兩間臥室的中間。因為人口簡單，把主浴室和公用浴室合而為一，可以因此加大浴室空間，比較寬敞

舒服。洗臉平台做兩個檯面式臉盆，偶爾也可以兩個人同時使用，檯面下矮櫃及檯面上側櫃，可以收納盥洗用品，保持浴室的整齊，好打理。一系列的灰藍色調，非常乾淨清爽，有海的味道和聯想，藍白格子圖案的腳踏棉毯，讓原來單調的浴室，活潑起來。

臥室入口處的飾品櫃，擺放亮麗的飾品，刻意擺脫老房子沉悶的感受；窄高的主牆，五幅小畫由下而上，橫、豎錯落有致地掛滿，不落俗套。房子中間，原本最傷腦筋的三根柱子之一，做成鏤空的牆面，放有盆栽，這個借景的手法，使得客、餐廳又有一個隱約的端景，增添空間的神祕，也為臥房入口做了一個視覺的轉換。

▲隱身角落，通往頂樓的樓梯，樓梯下作為廚房與收納空間，並不影響屋內的任何空間。

▼灰藍色系的盥洗室，有海的味道，雙檯面
　式的洗臉台，讓家庭成員可以充分使用。

▼掛畫的方式也可以由上而下掛滿，並不是
　一成不變的，是不是很好看？

▲ 主臥室主牆，皮革泡棉，搭配弧形勾縫線條，呈現簡單卻落落大方的造型。

進入主臥室又是一種不同的風格，大片床頭主牆，很對稱的左右邊開小窗，對應的百摺罩壁燈，正中間皮革包泡棉，留出優美的弧形勾縫線條，很有柔軟舒服的感覺。墨綠色配上淺紅綠格子的床罩和窗簾，非常大方，雖然簡單卻很有設計味道，坐在米白落地窗簾為背景的墨綠條紋休閒椅上看書、看電視，非常愜意。

另一個臥室，也是採用色彩鮮明的手法，營造一個中性的房間，適合任何年齡層，不分男女均可使用的臥房，淡淡柔柔的，非常高雅。

在整體動線規劃上，最高明的一點，就是由玄關進入臥室必須經過客廳，卻不必在沙發前、電視前經過，這個路徑也成為客廳的一部分，再經過餐廳及廚房，也不會干擾餐廳及廚房的使用；同樣的，這個路徑也成為餐廳的空間，無形中，走道已成為每個區域的一部分而不見走道，把公共空間完全結合在一起。如此捨棄了房子為了牽制各個使用空間，所形成走道空間浪費的原始格局，而是以「走道」串連著玄關、客廳、餐廳……等各個空間，這樣的「走道」空間，可以是開放，也可以與各個空間融合在一起，讓各個空間，因走道的納入，變得更寬敞。

空間的舒適、動線的流暢，和原來的感覺真有天壤之別！另一方面在感官上，如此的中西合併竟是這麼地協調，並各自展現光華，這種西式中國風的感受，有如好酒，越沉越香，讓人回味無窮。

▲主臥室簡單大方的設計，配上米白色落地窗為背景的休閒椅，呈現悠閒的私人風格。

▼中性色調、男女適用的客房，淡淡柔柔非常高雅。

CASE 9

乾坤大挪移
的舊屋新演繹

人性化與具有彈性設計專業的室內設計師，通常可以在千變萬化的設計個案裡，找到共通的特點，尤其是在面對不同的設計空間，卻是同一個業主的情形之下，如何利用既有的傢俱，在新的空間裡重新塑造另一種居家風格，考驗著室內設計師的功力。

在上一個例子案例8中的屋主，喜歡在精華地段的老公寓裡尋寶，因此，又看上了空間可以乾坤大挪移的房子，希望將原來在案例8裡的傢具，乃至於可以拆卸的設備全部搬走，要在本案另造一個空間的奇蹟！

因此，在本案將可發現，利用屋主所珍惜、重視的傢俱及家飾等，在不同的空間裡，同樣可以創造出不同的空間元素，而不必因為搬家、因為遷就設計師的設計風格，而必須重新購買新的傢俱，浪費了屋主的金錢與新血，也讓原有的活動傢俱、傢飾，繼續發光發亮。

本案是一個30多年的老房子，原有的空間一進門就是客廳，然後經過一個長長的走廊，變成三房兩廳。舊房子最大的缺點，就是它所有的空間幾乎都浪費都在走廊的地方，衛浴設備一套半，一套半都是公共廁所甚至和廚房相通。在風水學上，廚房跟廁所相通的話，屋子裡的人容易生病，而且不合乎衛生條件。設計師接到此案子的時候，用打破傳統的方法讓空間整個變大，也賦予房子新的生命力，原先的臥房設計在馬路旁邊，住家的品質較吵，而客廳卻設計在巷子裡頭，同樣的三房兩廳，請看看我們的設計師如何乾坤大挪移，如何讓一個老房子變得年輕、活潑、美麗。

▲簡潔的醫生桌與書櫃、古字畫與老酒甕，讓書房呈現古樸的中國風。

▼圖案特別簡單的天津地毯，框起很有家的味道的客廳。

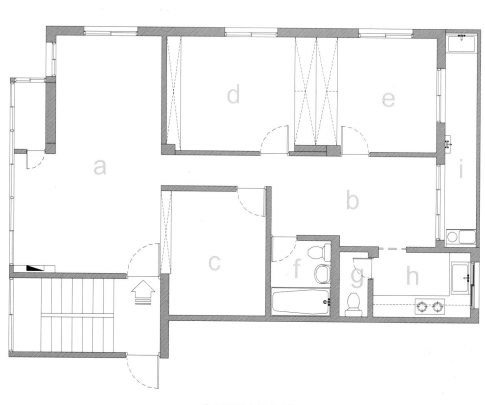

《 規劃前平面圖 》

a	客廳	f	臥室
b	餐廳	g	浴室
c	餐廳	h	廁所
d	臥室	i	廚房
e	臥室	j	工作陽台

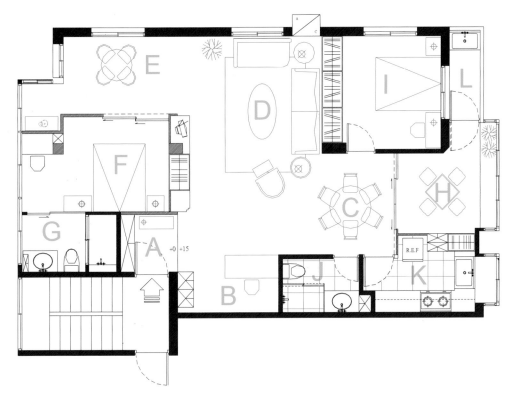

《 規劃後平面圖 》

A	玄關	F	主臥室	K	廚房
B	書房	G	主浴室	L	工作陽台
C	餐廳	H	通舖		
D	客廳	I	臥室		
E	起居室	J	公共浴室		

中西風並呈的客廳與書房

　　從一樓老舊的公寓樓梯往上走，面對一棟屋齡達30年之久的建築，原本不被期待的想像，當打開玄關大門的那一刻起，卻有彷彿發現桃花源般的驚喜，進門的入口做了一個玄關，玄關的平檯上放了一株綠色的盆栽，正面掛了一幅紅藍色彩鮮艷的花鳥。古刺繡花鳥圖在中國古時，是代表家中富貴、喜雀降臨我家之意涵，玄關與客廳有所區隔，也是心情轉換的地方。玄關與客廳地面落差約15公分，意謂步步高昇。

　　走進客廳原屬於長形空間，為了不讓空間變小，所以不再另外隔出一間書房，也就是書房與客廳、起居室、和室，循序漸進的四處空間環環相扣，經由彼此的巧妙串聯，同時在客廳擺上一張書桌及書櫃，其獨立的機能性也能從互補狀態中發揮最佳效果，讓人感受到一氣呵成、淋漓暢快。

　　一進客廳印入眼簾的就是一盆青花花盆的大盆栽，綠意盎然，無形中增加了客廳的鮮明度，客廳主牆掛畫的方式也不落俗套，整個顏色的搭配非常鮮豔、活潑，整個傢俱的沙發以紅藍搭配，中式的貴妃椅配上西式的沙發，西式的沙發配上採用中式的吉祥圖案的貴妃椅，採用中國人的喜氣顏色─紅色，大膽的顏色配合讓人感覺到客廳非常的活潑，整個客廳所印入眼簾的是黃色、紅色、藍色、綠色，無形之中變成了一首美麗的樂章，讓你不覺得進入到的是30年老房子的感覺。

▲綠樹種在青花磁缸內，非常考究。

客廳的主電視櫃有別於一般的設計，設計師在客廳的牆面上做了一個階梯式的設計，讓進口處更顯得寬闊，在客廳當中的電視櫃上面做了一個收放錄影機的櫃子，牆面上放了一些小小的畫及藝術品，矮櫃的平檯上放了一個花瓶及小小的飾品，再加上小小的投射燈及坎燈，讓整個主牆展現出更為和諧與溫馨，而且有層次感。

家裡成員，常有看完書報雜誌隨手亂丟的壞習慣，造成客廳茶几等到處凌亂的景象，因此設計師在主人椅旁邊，貼心的設計了一個邊几，有變化的雙層布罩罩起，凌亂的書報雜誌等就暗藏在小邊几裡面，將雜亂藏於無形，小邊几上放一盞檯燈，看書點燈、美觀兩相宜。

書房裡擺了一位名家的字畫：「觀書到老眼如月、得句驚人胸有珠」。從屋主掛的字畫當中，知道屋主是一個很喜歡閱讀的人，並且喜歡不斷地進修。簡潔的書櫃旁放了一幅畫以及一個老酒甕，在風水學當中，甕是一種藏風聚氣、納財的吉祥物，書桌上放置一個綠色的小盆栽，點顯書卷氣味，這整個書房當中讓人覺得很訝異的地方是，設計師在書桌的側邊釘了一片軟木，乍看之下像一個木竹簾，讓人沉韻悠香回到500年前的世界。

突破傳統造型的和室

和室不依傳統造型做法，全部的牆壁、通舖、天花板以米白色為主調，因此在家俱及飾品上就用很強烈顏色的裝飾品做點綴，凸顯這個和室的活潑，而且不管是坐墊、擺飾，都是由很多國家收集而來的飾品所組成的。心胸視野不局限在「和室」之一隅，這是一個蒐集式的設計，海闊天空，仍擁有它的協調性。

溫暖的主臥室與綠意盎然的起居室

客廳轉個折（在客廳的一隅）就是主臥房及起居室，客廳可以直接看到起居室，卻看不到主臥室，設計前的主臥室原本是被許多走道浪費空間的客廳，而成為

▲多功能空間，故意襯托出海闊天空活潑的風格。

一個很閉塞擁擠的空間,因此在重新規劃之下,客廳與臥室易位。讓原本為客廳的空間更改為一間主臥室及主浴室、一間起居室,並以貼著整片明鏡的三片拉門分隔兩個空間。

主臥室往同一邊打開時,可以共用起居室拉門,門片經過處理,觸感更為細膩。起居室的空間不大,採用輕巧的藤製傢俱,顯得清爽又精緻。一個大花瓶上面放上一片強化玻璃,就是很特別的咖啡桌,如果在花瓶中養魚或放盆栽,也會顯得很特別,而打開窗戶坐在起居室並可以看到如森林般的行道樹,是為本案景觀最佳之處。

主臥室的入口是用三片拉門做為入口,可以全部往一邊收起,讓主臥室全部開放,主臥室就可以和起居室融合在一起,無形中讓空間感覺變得更加寬敞,主臥室的床鋪不做傳統床頭片的設計,用壁紙的造型做出一個主牆的設計,搭配同系列的床罩及天花板收邊,形成一個很協調的色彩計畫,連同床頭櫃上的擺飾也是同一系列的色系。

室內用了淺色系的實木地板,為了防範生蛀蟲,也為了不讓木地板與地面直接接觸吸收地面的潮氣,因此地面墊高15公分。實際上還有一個最主要的原因,就是因為空間乾坤大挪移時,盥洗室移位,必須靠墊高地面走管路,由於這個工程上的需求,特別設計一舉數得的點子,即是玄關入口步步高升,可防範地板潮溼生蛀蟲,而且走在上面的觸感更有彈性。這個老房子樓高3米,所以有足夠的條件做墊高的設計。為了讓房子的老舊能有一個新氣象的感覺,整個空間都用對比較強烈的顏色,顯得整個空間生氣盎然,跳脫老舊的感覺,配上重新組合的空間,整個煥然一新,有不只放大一倍的感覺,而且整個房子由客廳起居室連貫,以致於沒有走道的設計,才是功力的展現。

▲主臥室以壁紙造型取代床頭板，很有創意。

▼起居室採用藤製家具，顯得清爽舒適，不佔空間。

PART 2 / 開　運

處　方　籤

想要有好姻緣、金榜題名、預防另一半外遇、預防破財，甚至永保夜夜好眠、健康平安……，光靠自己努力是不夠的，其實只要一一對症下藥，掌控住家風水、趨吉避諱，就能改變自己的命運，讓好運旺旺來！

桃花使力、姻緣順利

單身的小芳每到年尾就接到來自四面八方的紅色炸彈，自己的終身大事卻始終沒個著落，照照鏡子覺得自己長得還不錯，比同事小芬還有異性緣，為什麼愛情卻走得不順遂呢？每次遇到喜歡的對象，不是個已婚者就是身旁早已有固定女友，只能裹足不前、傻傻呆望……。

▲桃花方位最好有窗戶，並且窗外能見到水。

沒關係！不管妳是否像小芳一樣正在等待愛情，或是期待男友早日向妳求婚，只要在妳住的臥房內稍微變動房間擺設，就能增進愛情運勢。這可是非常重要的，妳可知道如果臥房內擺設出錯，不是讓妳濫桃花接踵而來，就是所愛非人及三人行的情況不斷出現。接下來我就告訴大家一個最簡單的告別單身、成功結婚的方法，讓妳從此情路順遂。

◎如何查桃花方位

每個生肖有一個桃花位，桃花方位最好有窗戶，窗戶外面有社區水池或者能見到水，這樣在工作上易有上司、同事、客戶相助，也比較容易有異性追求，這裡所謂的窗戶是指前陽台或臥房窗戶外，但水

◎看看你的生肖桃花位

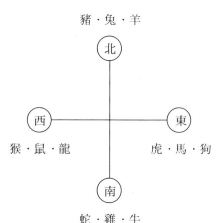

豬・兔・羊

北

西　　　　　　　　東

猴・鼠・龍　　　　　　　虎・馬・狗

南

蛇・雞・牛

▲盡可能避免門對父母門的布局，未來的男女交往會較順利。

的方位必須是符合你的生肖桃花位。

◎臥室格局宜方正

臥室格局宜方正，衣櫃、電視、書桌、化粧檯擺飾須注意，千萬別感覺混亂，當滿地衣服、書籍時，容易造成住在此臥房的人心情混亂的磁場，在感情中易有所愛非人、容易居小的情形，或者交往已論婚嫁時，跑出第三者。臥房整齊開闊，易有好姻緣。

◎避免床頭在窗戶

床頭位置需特別小心，床頭、床頭側

▼長期睡在窗戶下容易受寒，使身體變差。

邊、床頭對面均不要有窗戶，長期睡在窗戶下容易受寒，日後身體欠佳，對談戀愛優生學來說有扣分情形。

◎避免門對父母房

如果出現門對父母房門的情況，未婚男女在交男女朋友時，比較得不到父母親認可，往往會有一方父母親極力反對。如果無法避免，基本的補救方法是需隨手關門，並掛約十分之八長度的門簾避開。

◎床頭避免連廁所

床頭最好別和浴室牆壁相連，尤其是設有浴缸、蓮蓬頭、臉盆、馬桶等的那面牆，最好設計床頭櫃將床與牆壁隔開，浴室晦氣會透過牆壁而影響心情，長期聽到裝設管線的牆有水流動，易影響睡眠品質。

◎床前不可有鏡子

可能為了審視儀容方便，許多人習慣在臥室擺放鏡子，人在睡覺時及起床上廁所時，容易受到驚嚇，在找尋伴侶時，常會遭遇阻礙。

◎臥室勿放玫瑰花

玫瑰花在花語中雖然代表愛情但多刺，放在臥房內，代表內心十分渴望愛情，而感情世界中多空等，此時不妨改為放置香水百合，香水百合因為會散發出香氣，香氣代表好運，姻緣早現。

◎臥室色調宜清爽

想要迎接好姻緣，臥室牆壁的色調一定要用米色或者選用暖色調，例如米色、粉紅等都不錯。切忌粉刷成深藍、黑色，搞得一副藝術家樣子、死氣沉沉的，絲毫活力都沒有，那怕再有魅力的人都會把愛神、月下老人嚇跑。

▲睡床前不可擺放鏡子。

◎選擇床單顏色

① 當臥室門開在東側時：床單或床罩以藍色或綠色為佳。

② 當臥室門開在南側時：床單或床罩請選用綠色。

③ 當臥室門開在西側時：床單或床罩以鵝黃色或白色為佳。

④ 當臥室門開在北側時：床單、枕頭套、窗簾以花草顏色為最優的選擇。

▼床單樣式及顏色的選擇，依臥室門的方位而定。

▼臥室的牆壁選用暖色調，有助姻緣。

文昌吉位，金榜題名

古今中外，莘莘學子們似乎總脫離不了甄選考試。每逢考季，父母們往往比小孩還緊張，唯恐孩子一不小心便名落孫山。每每我在外演講時，父母親都會問如何讓家中小朋友考上有名學校？如何能讓孩子加分？又有一項調查：要培植一個小孩上大學畢業，往往需花費價值一棟房子的學費，才能出人頭地，實在不容易。中國自古便十分重視文昌位，在蓋房子時，

會請風水師到家中指定某一區為書房、藏書閣，而《宅法舉隅》云：「凡作書室，宜取宅之一白，四綠方一白、四綠間，又開一白，四綠門路，流年……必主名揚大利」。

◎如何看文昌位

就住宅格局來說，每間房子都有固定的「文昌位」。這個位置最適合求學學生當書房，書房放在文昌位有加分效果。在古書上

◎你家的文昌位在哪裡？

住宅方位	一白方 （半文昌、文升官星）	四綠方 （文昌方）
坎宅（坐北朝南）	中　宮	東北方
離宅（坐南朝北）	西北方	南　方
震宅（坐東朝西）	東　方	西北方
巽宅（坐東南朝西北）	西南方	中　宮
乾宅（坐西北朝東南）	南　方	東　方
坤宅（坐西南朝東北）	東南方	西　方
艮宅（坐東北朝西南）	西　方	北　方
兌宅（坐西朝東）	東北方	西南方

記載，書房窗戶外有遠秀山峰、有水池、有尖尾樹三棵及樓臺、亭塔、殿閣為上上之吉，書房光線明亮利於功名，當書房空氣不流通又昏暗，近瓦斯爐、近廁所，則大大扣分。這也十分合乎現代觀念，當書房充滿自然光線、窗外風景迷人，讀累了稍做休息，當然考試金榜題名，工作陞遷、名利雙收。

◎西元2004年至2011年書桌吉方

年	吉方
93年（2004年）	東南方及北方
94年（2005年）	屋子中心點及西南方
95年（2006年）	西北及東方
96年（2007年）	西方及東南方
97年（2008年）	東北方及家中心點
98年（2009年）	南方及西北方
99年（2010年）	北方及西方
100年（2011年）	西南方及東北方

◎成功企業家如何佈置書房

書房的功能比較單純，房中只陳設書桌、書櫃、檔案櫃、電腦，因此，大約3坪左右的空間就足夠使用。一般家中有獨立大書房者，大都是企業家、學者等特殊行業人士，看書房陳設便知道此人身分和品味。愈成功的企業家，愈喜歡清靜處，因為書房是閱讀、思考、決定事務的地方。

◎王設計師對書房的看法

① 書房、書齋、工作室都是作為提高思考、

▼書房窗戶外有遠秀山峰的迷人景緻，讀起書來分外有效果。

追求知識的地方，桌上擺滿個人電腦、傳真機、印表機等，顯得雜亂、心煩氣燥且破壞整體美觀，如果做一個隱藏櫃，把機器完全收納，當操作時只需移動座位，書桌上便可永遠保持最佳狀態。

② 採光由書桌右手邊或左手邊進行，能有助自己精神集中，可長時間思考、決策。

③ 書房牆面上放簡單字畫，增加人文書香氣息，讓書房更能清楚顯現一個人的身分和品味，當人一進入書房立刻投入青雲路上自逍遙，功名利祿、揚名四海。

④ 書房內擺設暗藏玄機，白虎方高，利學生，青龍方高，利師傅；若由書桌左方進出，利主，白虎方進出犯小人。這裡所言青龍方，代表人坐在座位上往桌前看，左手邊有高書櫃、檔案櫃及書房進出口，反之則為白虎方。

⑤ 書籍、文件最怕潮溼蟲蛀，所以書房一定要有冷暖氣空調及除濕的設備。

◎飲食清淡保健康

工作時應每小時休息一次，多攝取水果以補充維他命，飲食要清淡，盡可能多補充維他命，久坐或坐姿不良導致的肋間神經痛，會有刺痛感，建議每小時應休息一次，多補充酸味水果，少喝汽水及吃太甜的水果，如此可能讓人想睡覺，並使胃酸分泌過多。

▼設置隱藏櫃，可將雜亂的機器、電腦等全部收到看不到的地方隱藏。

▼書房牆面上放簡單字畫，可增加人文書香氣息。

TIPS 考生保健之道

- 吃飽飯不要馬上坐下。
- 以手指指腹輕按或輕敲頭皮。
- 何首烏3錢、麥門冬5錢、枸杞5錢、以1500～2000cc水煮45分鐘，當成養生茶飲用。

◎完美打掃書桌

① 準備：藥用酒精或不用的香水、牙膏、衛生紙、鹽。

② 掃除方法：

擦書桌：桌面劃到油漆、油性簽字筆，用衛生紙沾香水擦拭，保證變乾淨。

除筆跡：桌面的蠟筆汙跡，可以用牙膏清洗。

去黏膠：剪刀上沾滿膠帶黏膠時，用藥用酒精擦拭。

擦書櫃：以每100克水加入36克鹽的比例泡成濃鹽水擦，有驅蟲效果。

TIPS 掃除小常識

① 牙膏內含有磷酸鈣和氟，對於白色桌面有很好的去汙效果。
② 酒精、香水對於油性的東西有去汙的效果。
③ 可以用綠油精、薰衣草油、鹽等塗抹，有趨蟲的功效。
④ 透明的指甲油擦在書桌，有防止油漆脫落的功效。
⑤ 牙刷加香水或者酒精，可以對木製的桌面發揮去油性汙垢的作用。

○ 開運處方籤 3

風水安床，夜夜好眠

人生有三分之一的時間都在臥房的床上休息，在中國風水學當中，門、主臥室、廚房，都占了非常大的篇幅討論。床安得好可以生出好的子孫，身體也會健康，從現在的角度看，人一天有八個小時會在床上度過，休息得好、睡眠的品質好，第二天起來當然有精神，處理事情也有加分的效果。

◎如何讓自己睡得安穩？

狀況 1　睡房對廚房

廚房屬火，對著睡房容易影響到身體的健康，廚房內常常會有油煙跑到臥房內，空氣中夾雜著濃濃的油煙味，長期在這個磁場下，久而久之脾氣會變得非常暴燥、做事衝動，且常會因小事與人爭執，嚴重破壞人際關係。

狀況 2　床靠爐灶

爐灶代表火，在日常生活中，爐灶是每天煮食物的地方，有瓦斯爐或者電磁爐，每天都在烹飪，久而久之，火的磁場特別強，當你頭睡在靠近火的地方，代表心臟、眼睛、皮膚、血液循環比較容易有毛病，個性比較容易緊張，脾氣當然也會暴燥。

狀況 3　睡房對廁所

睡房對廁所，對單身的人來說會招來夢魅；對小孩來說，睡覺的時候比較容易驚醒、做惡夢；如果對已婚且從事內勤工作的人來說，則容易惹上司討厭；對於外務人員在外應對的時候，往往覺得比較不順心。最主要的原因是睡房對廁所，廁所內有汙穢的空氣，比較容易為自己帶來厄運。

▼睡房對廁所，睡覺的時候比較不安穩。

▲ 當床頭沒有靠山時，會讓人沒有辦法好好休息。

▲ 長期睡在床頭有樑柱的環境下，容易失眠、腦神經衰弱。

狀況 4　床頭靠廁所

床頭如果靠廁所，在風水上論之，可能不好，最主要的原因是，每天晚上在睡覺的時候，聽到浴室裡的水在流動，會讓自己的腦神經衰弱，尤其是對學生來說，會影響睡眠，上課的時候當然記憶力、求知力也相對減少。如果那道牆壁還有潮濕發霉的現象，相對地人就要走霉運了。

狀況 5　床頭沖房門

臥房門如果正對著床頭，容易讓人沒有安全感，睡覺時也比較不能安寧，乍看之下，好像棺材往外送的樣子，也有隨時隨地擔心別人跑到房間來的憂慮，所以頭不可以朝外。

狀況 6　床在房門邊

床靠門邊，人容易睡得不安寧，隨時隨地會擔心別人突然進入房間，讓自己的生活變得比較緊張，情緒當然也不安定。當你睡在門邊，在潛意識中，會擔心會不會有小偷冒然衝進家中，長期的睡眠不安寧，比較容易引起精神上的疾病。

狀況 7　床頭露空

床頭沒有靠山，很容易讓人睡覺時不易入眠，即使入眠也很容易做惡夢。常常遇到很多客人說，我怎麼整夜睡都睡不飽，這個時候很可能是因為床頭沒有靠牆，讓自己沒有辦法休息。

狀況 8　床頭有樑

床頭有樑柱剛好穿過頭部與頸部之間，好像在睡覺的時候被一個龐然大物壓住，讓自己無法呼吸。長期睡在這個磁場下容易失眠，也很不容易讓人入睡，常常睡醒後有偏頭痛，久而久之脾氣變得非常暴燥，聽到一點點小聲音就會發脾氣，屬於腦神經衰弱的磁場。

▲ 床頭應靠牆，最忌睡在窗戶下。

◎床的最佳睡法

① 床頭靠牆，不可以睡在窗戶下。

② 離廁所之間需要有五步的距離，最好在廁所跟床之間有一個屏風。

③ 躺下去房門由左手邊進出。

④ 臥房的衣櫃宜躺下來觀看，左邊是高櫃、右邊是低櫃。

⑤ 化妝鏡不可以照身體。

◎音樂的額外輔助

如果注意到以上的各種狀況，睡眠時不受干擾，可充分休息，當然對身體、事業、學業有很大的幫助。在睡前最好再播放一些小橋流水或大自然的音樂，讓心情放輕鬆，當聽到潺潺流水及蟲鳴鳥叫的聲音，對壓力的紓解有很大的幫助，好的睡眠是成功的第一要件。

廁所避諱，永保錢財

鍵山秀三郎出版十多本著作，包括《凡事徹底》、《日日清掃》、《寸土力耕》等，並寫得一手好毛筆字，在全世界各國宣導掃除工作時，曾播放他在日本清掃廁所的紀錄片，讓許多人相當震撼，尤其要檢視乾不乾淨，將抹過便池的手指放入口中的畫面，讓每個人都面面相覷。參加過這個清掃廁所工作的人士，後來都變得更不畏懼，更有勇氣與自信，大家都沒有想到這個簡單的清掃工作，能有這樣的效果。

其中有一位豐田詔子女士，自小罹患關節萎縮症，身高只有96公分，因為身體短小，踩了油門就無法握方向盤，讓她為了學開車吃盡苦頭，又在論及婚嫁時被人家退婚。在諸事不順的時候，她參加了鍵山秀三郎掃廁所的活動，讓她對人生重新產生希望，變得樂觀又進取。她告訴大

▼男、女專用馬桶。

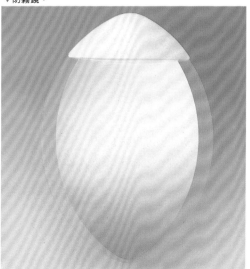
▼防霧鏡。

家，掃廁所是磨練心智的工作，如果一間公司廁所很髒，相信這個公司經營得也不怎麼樣；如果這個家庭廁所很髒，男主人也賺不到什麼錢；當馬桶旁邊到處是尿，則顯示家中的男人一點都不謙卑，也不會為別人去設身處地著想，是非常自私的人。

中國風水學當中，認為廁所是非常骯髒汙穢的地方，如果在屋子的中心點是廁所，家中永遠存不住錢，屬於敗財。如果廁所正好位在財位上，也是屬於漏財的一種，有許多風水師由廁所觀看家中的男主人是否有前途。

◎廁所不可在哪些方位？

正財位代表從工作上面得來的財富，偏財位代表意外之財，以樓下的管理室或警衛室大門論房子的座向，而決定正財位及偏財位，這些方位不可當作廁所，廁所位置可左右男主人的財庫，下列各圖中箭頭的方向為住宅的座向。

◎ 正財位、偏財位

西北	北	東北
西	↖	東
西南	南	東南

【座東南朝西北】
正財位：北方
偏財位：東方、南方

西北	北	東北
西	↘	東
西南	南	東南

【座西北朝東南】
正財位：東北方、西南方
偏財位：西北方、西方

西北	北	東北
西	↗	東
西南	南	東南

【 座西南朝東北 】

正財位：東北方、西北方

偏財位：西方、西南方

西北	北	東北
西	↙	東
西南	南	東南

【 座東北朝西南 】

正財位：西南方、西方

偏財位：東北方、西北方

西北	北	東北
西	→	東
西南	南	東南

【 座西朝東 】

正財位：東北方

偏財位：西方、西南方、西北方

西北	北	東北
西	←	東
西南	南	東南

【 座東朝西 】

正財位：南方、西北方

偏財位：東方、東南方

西北	北	東北
西	↑	東
西南	南	東南

【 座南朝北 】

正財位：北方、東方

偏財位：南方、東南方

西北	北	東北
西	↓	東
西南	南	東南

【 座北朝南 】

正財位：南方、東南方

偏財位：東方、北方

○ 開運處方籤 5

廚房重鎮，女人財庫

你知道嗎？在中國的古老傳說當中，廚房裡頭有灶神，每一年的年尾都有祭灶神的儀式，南方是農曆12月23日、北方是農曆12月24日，灶神在廚房裡一天到晚跟三姑六婆在一起，久而久之返回天庭時，會向玉帝告狀哪家的媳婦好、哪家的媳婦不好，所以廚房跟女主人有不可分的關係。

▲在客廳或者餐廳看得到家裡的爐火外露，表示會漏財。

▼一字型廚具

在中國的傳說中，廚房象徵一個家的財富，爐灶在廚房占有很重要的地位，爐火外露（瓦斯爐的爐火在客廳或者餐廳看得到，代表漏財）更代表家中的女主人運氣好壞，如果你家的廚房亂七八糟，會影響女主人的運氣，也會讓財神爺不敢降臨你家。本篇要告訴你幾個廚房的收納開運小偏方，讓原本不及格的風水經過整理收納後，呈現出整齊清潔，自然財運、好運也會跟著來。

◎4種廚具基本類型

所有廚房大型廚具不外乎是這四種類型的變化，一字型、L型、U型、半島型，只要餐廳、廚房空間沒有實質的隔間，都可稱為開放式的廚房。

一字型廚具

舊式的公寓廚具沿著牆面，是最節省空間的方法，也最適合30坪以內的居家空間的小廚房。

L字型廚具

目前大樓幾乎都是L型的廚具，L型廚具是剛好沿著垂直的牆面設計的廚具，比一字型多了些櫥櫃空間，也更能充分運用到轉角空間。

U字型廚具

沿著三面牆設計的U型廚具，適合空間較大的廚房，比較合乎人體工學，適合家中有兩個女主人在廚房工作。

半島型廚具

廚房的坪數約在5坪至10坪之間，廚具除了U字型以外，再加上一個凸出的廚具，這個凸出廚具不跟任何廚具有相連，在坊間稱為半島型廚具或者是朝鮮島廚具。

▼L字型廚具

▲U字型廚具

◎廚房快速清潔法

　　「乾燥」和「清潔」，是避免廚房成為細菌溫床的兩大武器，細菌喜歡高溫、潮濕的環境，傳統中菜烹調方式，恰好是它們的最愛。但只要在結束烹煮工作後立刻把用具和檯面清潔好，讓環境維持乾燥，病菌就不會有孳生的機會。準備兩塊以上吸水力強的抹布，分別給檯面、桌面、爐灶使用，避免細菌沾染，且使用後立刻清洗好，掛在專屬掛勾上。

◎碗盤隔一夜，細菌6萬倍

① 碗盤、砧板一定要當天，最好是立即清洗，隔一夜就會多長出6萬倍的細菌，十分驚人。

② 碗槽濾網若積有菜渣，一定要當天清理，特別是夏天天氣一熱，很容易就傳出臭味。

③ 刀子洗好後，置於專用刀架上放乾，若有異味可拿用剩的檸檬稍微塗抹。

④ 清洗木質砧板等，要先抹上鹽巴使滲入縫隙，再以大量清水沖洗，最後再立起

▲半島型廚具

使它乾燥。

⑤ 清洗順序從油汙輕的砧板、杯子、碗盤先開始，再來才是鍋子、洗碗槽、瓦斯爐，就不會弄得處處油汙。

◎ 菜瓜布的使用方法

現在許多菜瓜布都有抗菌處理，但使用過後一定要立刻把水分和殘餘清潔劑都擰乾，擺在通風乾燥處，或者專用的菜瓜布架，而且油的和不油的一定要分開，避免髒汙和病菌交叉感染。

菜瓜布還需分成不鏽鋼、餐具、爐具、不沾鍋等用途，若表面有起毛球或顏色泛白的情況，就表示木漿海棉的部分已開始剝落，得丟掉換一個囉！

烹煮習慣偏向油膩型的消費者，可選擇毛細孔較少的材質的廚具，零毛細孔的特色可以使油煙不易沾染，只要在烹飪後，用少許中性清潔劑就能清理。

使用抽屜內的分隔餐具盤時，也應將筷子、湯匙、刀叉等餐具洗淨擦乾後再放入，櫥櫃內若有水分滴落，應盡快以乾布擦乾淨。金屬五金配件部分隨手用乾布擦拭，避免水滴留在表面造成水痕，切忌隨手用鋼刷、粗菜瓜布等物品刷洗水槽、水龍頭，才不會留下刮痕。

◎ 熄火後，繼續抽油煙

做完菜後，讓抽油煙機繼續運轉30秒或1分鐘，將殘留在空氣中的油煙、一氧化碳等抽出屋外。趁餘熱用棉布將表面擦拭一下，可保持乾淨不油膩。風扇約一、二週就要清理一遍，惱人的儲油盒，則不妨在盒內貼上一層保鮮膜，抽起置換即可，省去油膩不易洗淨的麻煩。

常被忽略的烘碗機，最怕碗盤沒洗淨，長期下來造成汙染，可將內部不銹鋼碗籃取出，以濕布擦拭，或以稀釋過之軟性沙拉脫清洗乾淨。洗好的碗盤，最好先放在碗籃中，待水分蒸發後，再放入櫥櫃中置放。

◎ 微波爐烘橘皮除異味

微波爐或烤箱幾乎已經成為每個家庭不可或缺的電器，但使用時間一久，加上疏於清理，難免會五味雜陳，十分難聞。這時候可以使用橘子皮來消除異味。

先用清水將橘子皮洗淨並晾乾，然後放入微波爐或烤箱中，以中低溫加熱數分鐘。此時橘子皮中的柑橘精油成分，就會藉由加熱而揮發出來，進而達到除臭的效果了。

◎ 用鹽清洗茶杯

茶杯邊緣常常會有茶垢，非常不容易清洗，我們可以用家中的食用鹽，沾一點點水，輕輕磨擦有茶垢的地方，再用清水清洗，茶垢就會不見了。不論你的茶垢沈澱多久，只要用少許的鹽就可以讓杯子恢復到像新的一樣。

端詳臥室，掌控外遇

　　當一踏入臥房，直覺會告訴我，這個家庭的男主人或者是女主人，他們目前的婚姻狀況是如何。

　　目前社會上很流行婚外情，據男人的說法是：「男人結了婚，沒有其他的女人可以欣賞，是一件很可悲的事。」，坊間流傳7年之癢，其實在21世紀的今天，3年就癢了，如何白頭偕老，真的是一件很不容易的事情。

　　單身男女都喜歡住小套房，小套房本身很容易遇到對方有劈腿的行為，在感情上面常常容易受到傷害。打開小套房你可以看到廚房、廁所、床，一一呈現在你的面前，當異性朋友來的時候，請問到底要坐在哪裡，當然坐著坐著就坐到床上去了，在雙方沒有認識清楚之前就產生了火花，對感情來說是一個非常大的冒險。

　　有些臥室內有更衣室及廁所之設計，卻用隱藏手法看不出是更衣室及廁所門時，這些都是容易泛桃花的格局，原本是一個單純的家庭，住了這個房間以後感情備受傷害，這個章節讓我來教你如何看你的另外一半及你的桃花。

◎ **我的他（她）是不是劈腿族**

　　從臥室的窗口往外看，如果看到對面的房子是一片整整齊齊的，沒有高沒有低，代表你的感情世界是平平坦坦的；如果從臥室的窗口往外看，看到左邊高右邊低，代表就算我的他有外遇也不會被人搶走，如果右邊高左邊低，則表示我的他是劈腿族，在這一場愛情的遊戲中我會是失敗者。

◎ **如何避免劈腿族？**

　　在主臥室的窗檯上種每天都會開花的

▼單身男女住小套房，很容易遇到對方有劈腿的行為。

▲在主臥室的窗檯上種花，可以避免另一半是劈腿族的機會。

花朵，顏色盡可能是白色或是紅色的花朵，窗檯上的花朵每天開60朵以上，才有化解對方是劈腿族的機會，當然最好早日搬家，重新選一個景觀好、對面的房子是一整片的住宅。

◎我的他（她）是不是金屋藏嬌

目前全世界都很流行，在主臥室內的更衣間及儲藏室間做一道隱藏式的拉門，從外觀上看不出是更衣間或是儲藏室，若更衣間的坪數超過一坪以上，男主人比較容易有外遇，而且外遇的對象不容易被捉到。

若主臥室內的浴室裝上隱藏式的拉門，則男主人的事業比較容易受到異性的助力，也比較容易跟職員產生婚外情，往往等到肚子大的時候，配偶才知道。

◎如何破解金屋藏嬌？

主臥室忌房中有房（主臥室做一道隱藏式的拉門，拉門內有更衣間，這樣就叫做房中有房），如果有這種格局，在浴室或更衣室的門把上面，裝一個金色的喇叭鎖，可以破解先生的金屋藏嬌。

◎我的他（她）是不是爛桃花

在住家的大門口正東方、正西方、正南方，以及正北方，有一個圓形的水池，水池離家的距離非常近（20公尺之內），比較容易犯爛桃花，往往女性有夫妻正緣不要，偏偏喜歡做偏房，等到40歲之後才會知道後悔，為什麼不早點找一個正常婚姻結婚。

◎破解爛桃花的方法

將主臥室的床移出10公分斜擺，比較容易破解已婚者的追求。

▼住家的周圍有圓形的水池，是容易犯爛桃花的徵兆。

植物開運，風生水起

不論家中或者辦公室，都不比充滿陽光與水氣的室外，來得適合讓植物生長。在人為的空間中，要如何讓自然的植物生長茂盛，進而風生水起好運來，必須掌握幾個要訣：

◎室內植物改運法

① 植物不宜過多，多則潮濕聚陰，不易管理；更不宜隨意散置各角落，應盡量聚

▲為了求得室內氣流的均衡，通道上可擺置植物。

▼大門進口處放置植物、吉祥圖是一種喜氣佈置。

集在特定地點。決定好位置之後不要任意更動，但植物種類可隨時更換。

② 室內植物一有枯枝落葉，或只長葉子，卻不開花結果，應立即加以修剪或移到側室外補充日照，讓它生長順利。

③ 植物擺飾切忌在室內通道上，因為方便輕鬆、動線流暢正是居家之要。公共場所等大空間，為了求得室內氣流的均衡流通，則通道上可擺置植物，唯應有適當之修飾，不要阻礙通行。

④ 盡可能選用耐陰性植物，例如鵝掌藤、袖珍椰子、馬拉巴栗、黃金葛、蓬萊蕉、吊蘭、巴西鐵樹等，以確保綠意盎

▲在室內盡可能栽種耐陰性植物，圖為馬拉巴栗。

植物最好能開花結果。植物屬陰，若能開花結果，表陰中有陽、陰陽調和，室內觀葉植物不開花，所以宜結一小紅彩帶，表「木生火」，使轉陰為陽。要在植物上結紅彩帶，材質可以是紅色的緞帶花、紅色尼龍繩、紅色聖誕飾品皆可。紅彩帶放上去，49天後再拿掉，拿掉的紅彩帶可在當你覺得氣弱時再綁上。紅彩帶的數

然。因為植物喜好陽光，植物久放室內易落葉或枯死，而枯木正是風水上之大忌，不得不加以留意。

◎室內植物轉陽法

室內植物不宜過多　過多則潮濕聚陰，木陰則剋土，所以應該在植物上結上紅彩帶，使木生火增加陽氣，唯大型室內植物之紅彩帶，宜結在整株植物中央位置，因其代表人也，亦即人正在蒸蒸日上。若結在頂稍，表示已達圓滿之「天」，較難再增速；若結打得太下方，則表示還在起步之「地」。

▼在植物上結紅彩帶，有轉陰為陽的功效。

目，一棵樹最多結12個帶。至於結紅彩放
置時間，在任何一天的中午12點前放置即
可，不需特別挑選日子。

◎開運植物園

菊花

適合：家中

功效：延年益壽，增加福分，有助於氣場
　　　磁場的穩定。

注意：長壽菊、大波斯菊都適合放在家
　　　中，但要注意陽光照射問題，蟲害
　　　也要留意。

▼菊花：表延年益壽。

金桔

適合：家中

功效：桔子黃澄澄的模樣，有金銀財寶的
　　　涵義，對增加財源頗有幫助。

注意：不要把金桔拔下來，枯枝落葉更要
　　　時常清理。

▲金桔：財源滾滾來。

水仙花

適合：家中

功效：避邪除穢、帶來吉祥如意，同時也
　　　可招財。

注意：水仙在沒有開花前，宛如一根大
　　　蔥，要維持它的新鮮，非常重要。

萬年竹

適合：家中

功效：又稱「富貴竹」、「萬年青」，是廣
　　　受歡迎的「搖錢樹」，可招財。

注意：不要澆太多的水，免得根部因此而
　　　腐爛。

蘿蔔

適合：辦公室

功效：好彩頭的蘿蔔，據說會帶來好的運
　　　氣，讓工作事業一帆風順，成為上
　　　司眼中紅人。

注意：不要讓根部沈浸在過多的水分中，
　　　否則腐敗就不好了。

蘭花

適合：辦公室

功效：聚合人氣、掌握權力，也可拓展人
　　　際關係。

注意：蘭花不好養，要多花心思照顧。

仙人掌

適合：辦公室

功效：放在辦公室則有防小人、增加自我
　　　防禦能力的效果。

注意：帶刺的仙人掌不適合放在臥室，否
　　　則會遭致糾紛。

松柏

適合：辦公室

功效：奇門遁甲中有所謂的「迎客松」，利
　　　用松柏長青的特質，促進人際關係
　　　間的和諧氣氛。

注意：要有充足的陽光照射，不可放在陰
　　　暗的角落。

▼迎客松：歡迎貴客觀臨。

風水魚缸，魚躍龍門

在陽宅學當中，魚缸它有招財及化煞兩種原理。古時在蘇州大富人家都會有庭園、樓閣、魚池，比如台灣的林安泰古厝，都會有一個花園池塘；在二十一世紀的今天，寸土寸金，要買一間房子都已經非常困難了，又如何再建造一個池塘養魚呢？

魚在中國古老的傳說，代表「生生不息」、「世世代代」，養魚在這些年來都是為了求升官發財的好預兆，其實養魚真的能升官發財嗎？未必見得，下面有一則真實的故事：

▼魚缸可以美化客廳，也可以招財。

有一個房地產的老闆，一家居住三層樓500坪的空間，事業都做得非常好，在西元1983至1999年之間迷「紅龍」魚，家中因為是三層樓，所以聽信風水師，在三層樓當中，每一層樓固定一個地方養紅龍。西元1999年921大地震時，三個魚缸同時破裂，紅龍同時死，從此一蹶不振，一直潦倒到今天，還有官司纏身。

筆者認為，家中養越名貴的魚，比如紅龍、銀帶，它要吃小魚、小蝦求生存，並不是一個很吉祥的魚，它很有霸氣，你很可能養了它發財，但是它死了以後你卻不見得順。

◎魚缸適宜的擺放位置

① 坎宅（坐北朝南）：認為應擺放在北方方位、東北方方位及西南方方位。

② 坤宅（坐西南朝東北）：認為宜擺放東北方。

③ 震宅（坐東朝西）：宜擺放西北方及東方。

④ 巽宅（坐東南朝西北）：宜擺放在西北方及西方。

⑤ 乾宅（坐西北朝東南）：宜擺放在東方
　 及西方。
⑥ 兌宅（坐西朝東）：宜擺放在西南方及
　 東北方。
⑦ 艮宅（坐東北朝西南）：宜擺放北方及
　 東方。
⑧ 離宅（坐南朝北）：宜擺放東北方及南
　 方。

◎養魚要注意的事項
① 魚缸內的水車要往內轉，以代表財運往
　 內進。
② 魚缸如果靠近窗戶，容易長青苔。
③ 魚缸大小要與空間相配。
④ 魚缸勿對瓦斯爐。
⑤ 魚缸不宜太高，也不宜太低，最好是眼
　 睛平視的視線高度。

▲鯉魚代表年年有餘、富貴有餘。

　種很吉祥的魚。

　　筆者不贊成家中養魚，假設要養魚的
話，可以養孔雀魚或者是鯉魚，在中國，
鯉魚代表「年年有餘」、「富貴有餘」、
「家家得利」的涵義，你或許有聽說過「鯉
魚躍龍門」，但應該沒有聽說過「紅龍躍龍
門」吧！在魚的字典當中，鯉魚的確是一

　　在我執業的過程當中，我比較喜歡用
歐式的魚缸，裡面的造景有男、有女、有
人拉小提琴。例如三個希臘時期的女人，
提著一個水壺般的器具，其中一個流著小
小的水。

　　在中國，陽光、空氣、水都是一種風
水造命的方法，假設家中有水在流動，而
沒有養魚，那是多麼輕鬆的造命方法，也
是省錢、省時、省力又美觀的風水術。

冷氣風水，健康防衛

全球都因為聖嬰現象，而讓夏天越來越炎熱，每到夏天的時候，不管是台灣、香港、中國大陸的氣溫，往往都高達35度至40度之間。許多人總喜歡在夏天的時候跑到冷氣房裡頭去享受吹冷氣的感覺，但在長期的冷氣環境下，會讓自己的身體也快速衰退，另外一方面，冷氣必須要從家中的某個方位釋放出來，會不會容易生病，還是它的財位上面會有影響，我們在這個章節當中特別介紹，冷氣擺設的地方，會不會對風水有影響。

◎家中冷氣何處放？

客廳

很多家庭在客廳都會有獨立或分離式

▼獨立或分離式的冷氣是現在很多家庭的必備電器。

的冷氣，如果是分離式冷氣的話，從外面快速地運轉電器，將外面的氣流傳到家中，讓家中快速冷卻，通常坐北向南的房子，它的冷氣來自西北方或南方的話，家中比較容易有生病的人，如下面表格：

坐向	冷氣吹向
坐北向南	西北、南
坐西南朝東北	東北
坐東朝西	東南、西
坐東南朝西北	東、西北
坐西北朝東南	北、東南
坐西朝東	東、南
坐東北朝西南	東北、西南
坐南朝北	北、西

這個方向吹冷氣的話，家中的人比較容易病痛不斷，這也就是說冷氣來源的方位不佳，盡可能家中的冷氣不要裝在這兩個地方。

冷氣的出口最忌吹向財位，家中的財位要怎麼看呢？就是當你從大門一進來的地方，也就是你的客廳跟玄關，假使你的

▲讓冷氣往你的客廳跟玄關吹，小心把錢掃出家門去。

冷氣往這個地方吹，就好像是我們在掃地一樣，把錢往外掃，所以會有漏財的現象，代表家中的財氣不旺。假設你進門的對角線，右邊的對角線或左邊的對角線，那邊放了一個電風扇，往那個地方吹的話，也是代表你的財位不穩定，所以盡可能在玄關的地方，及客廳的大門口、客廳對角線的地方，不要有電風扇或是冷氣朝這些方向吹會比較好。

書房

書房裡的冷氣假如運轉得佳，會讓人一進去就感覺很舒服，但是溫度假使過低的話，會有反效果。盡量讓溫度保持在對

人體最好的24度至26度之間，會讓你有凝聚思考、提高讀書專心度的功能，而且會讓你的文昌有好運，考生的辦公室或是企業家的辦公室尤其適合這個溫度。但是要記得一件事，冷氣不能對頭吹或是對臉吹，否則會有頭痛的情形出現。

臥房

人在睡覺的時候，毛細孔會大開，通常在睡覺的時候會有一個封門，也就是在我們的背後脊椎肩膀的地方有個封門的穴，如果冷氣直接吹向身體的話，比較容易感冒，也會招來邪氣。在中醫上說，睡覺的時候身體受到寒氣就叫做「邪」。冷氣

▲睡覺時，冷氣最忌諱對著人吹。

在房間的風口盡可能往上調，讓空間感覺舒服而不冷風逼人，更不可以讓冷氣直吹自己身體。

餐廳

有很多人喜歡在餐廳放冷氣，吃飯的時候比較涼快一點，但是在餐廳吹冷氣時，必須考慮到餐廳有沒有很多灰塵，如果冷氣直接向餐桌吹的話，熱騰騰的食物一上桌，就會馬上變涼了，而且也比較容

易帶來一些細菌，所以餐廳的冷氣最好不要對著餐桌吹，而是對著上面吹。

辦公室

辦公室的冷氣特別強，有很多在銀行上班的人跑來跟我說，她上班的時候冷氣對著頭吹，吹得她的頭很痛。許多上班族常會得到一種病態大樓症候群，俗稱「冷氣病」，正式學名為"sick buiding syndrome"，尤其是針對在辦公大樓上班的人而言。

◎常在冷氣房會生什麼病？

病症

頭痛、暈眩、噁心、疲倦、眼睛刺激，甚至無法配戴隱形眼鏡、上呼吸道黏膜刺激、鼻腔充血、噴嚏、皮膚乾澀、毛髮易脫落、神經痛、胃腸不適等，有的女性還會出現月經失調現象。

致病原因

大多數「發病」的大廈都是中央空調系統，故將這些病與冷氣連在一起。到目前為止，醫界還未能找出明確的致病原因，僅觀察到症狀發生率與低通風率、空調、地毯、濕度、房間人數等因子有關。

預防方法

①冷氣盡可能不要對身體吹太久，有些人會有乾眼症出現，建議平時可多吃些含維生素A的食物，像是柑桔類水果，如檸檬、葡萄、綠色蔬菜、魚、雞蛋等，

▲長久待在冷氣房裡辦公，上班族容易得到「冷氣病」。

能改善眼睛乾燥。

② 有些人到了冷氣房裡會覺得血管很不舒服，尤其是高血壓、心臟病的患者，這時候盡可能不要在冷氣房待太久，且溫度盡量保持在24～26度之間。

③ 如何在冷氣房保濕？可以在冷氣房裡灑點水或放置一杯水，讓冷氣房空氣不至於那麼乾躁。你也可以在水裡加點明星花露水，保持空氣清新，一桶水中只要滴上個一、二滴，慢慢地整個屋子裡會有淡淡的香味，也有殺菌的功能。

④ 有些人在進冷氣房時，因為剛從酷熱的環境瞬間進入低溫房間，腦血管快速收縮，極易引起頭痛。建議最好在踏入冷氣房前，先在出入口處或室外陰涼處待3至5分鐘，之後再慢慢步入室內，也可以用手指頭按摩頭部，促進血液循環，減少頭痛的情形。

⑤ 在冷氣房裡工作時，建議要多喝點水，而且要做好保濕工作。在冷氣房上班就是要輕輕鬆鬆的，在風水學當中，認為你上班的環境非常好、你的身體沒有病痛的話，那麼你的工作就會愉快得很。

▼冷氣的出口最忌吹向財位。

慎用瓦斯，平平安安

每到冬天，新聞頻傳一氧化碳中毒死亡案件，都是因為瓦斯熱水器裝設不當，以致瓦斯燃燒不完全肇禍。

◎熱水器使用事項

① **觀察火燄**：藍色代表正常；黃紅色表示燃燒不完全。

② **空氣對流**：很多人喜歡把熱水器裝在屋內、廚房或是浴室內，甚至會裝在冷氣管下，這樣子會有很多的危險性出現，所以空氣的對流很重要。

③ **裝偵煙器**：目前已有一氧化碳偵測器，當一氧化碳超過容量時，它會發出警報的聲音，這時候要馬上開窗，讓外面的空氣沖淡一氧化碳的成分，不可以開電器用品，稍有一個火花，很可能會引爆瓦斯。

浴室的水龍頭不斷流出熱水來時，容易有一氧化碳中毒的危險，就曾有人因為浴室不斷流出熱水，而導致一氧化碳中毒，等消防隊員破門而入時，屋主已經陳屍客廳裡。

◎瓦斯中毒的預防方法

熱水器安全使用手則

目前市面上的熱水器，都有1個新的功能，即瓦斯連續燃燒20分鐘會自動切斷。更新的，有強制排氣功能，也就是在熱水器頂設排風口，以風管接到室外，強制將燃燒後的一氧化碳排出。要注意的是，風管盡量不要有彎管，長度也不宜太長，免得一氧化碳無法順利排出。

熱水器等瓦斯器具攸關生命安全，所以每隔5年就要換新1次，有很多人買了熱水器一用就是很多年，建議每隔3年換1次，最晚5年就要換新。

肥皂泡沫檢查瓦斯漏氣

民眾若懷疑家中瓦斯管線漏氣，可在瓦斯開關或管線上抹肥皂泡沫檢查，看看它有沒有漏氣的情形，如果有瓦斯中外洩的情形發生時，要先關掉瓦斯，把門窗全部打開，把傷者移到通風的地方。在這段時間裡不可打開電器，要把總開關關掉。把傷者的上衣解開，讓他呼吸順暢，並進行心肺復甦術，在傷者的身上加件外衣或毛毯，保持他的體溫不要太低，最後等待救護人員到來。

家中小孩房間要避免什麼禁忌？風水魚缸如何放？開運
植物如何養？空間、門面、建材、衛浴……如何妝點打
理，才能趨吉避凶？幾個法則重點，即看即改，家中風
水立即大不同！

開 運 法 則

1 居家安全術
讓家中寶貝平安長大

全世界各國的新生兒成長率一年比一年少，要培養一個嬰兒到20歲，幾乎要花費父母親買一棟房子的金額。兒女永遠是父母親的寶貝，每個家長都望子成龍，希望小孩子能在學校裡功課名列前茅，但是攻占班上的前三名畢竟非易事。其實小朋友從出生開始，只要睡對房間，他就有機會成為狀元子，不讓小孩子輸在起跑點，同時小朋友居家的安全也是很重要的。

房子坐向	兒童睡房
坐北朝南	東北方
坐南朝北	南 方
坐東朝西	西北方
坐東南朝西北	屋子中心點
坐西北朝東南	東 方
坐西南朝東北	西 方
坐東北朝西南	北 方
坐西朝東	西南方

▼卡通圖案的兒童房，讓小朋友覺得有歸屬感。

◎不可不知的孩童房禁忌

1 嬰兒房的禁忌

小孩子在嬰兒時期白天可以睡在搖床內，到了晚上千萬不可睡在搖床內，因為嬰兒會比較沒有安全感，精神無法安穩，常常在夜裡會有被驚嚇的情形。小孩子在出生半年內，睡覺時常會有手腳抽動的情形，代表小孩子的精神無法穩定，比較容易怕驚嚇，此時最好跟父母親睡在一起。通常趴著側睡的小孩臉形長得比較漂亮，仰著睡的小孩比較容易有扁頭的情形，嬰兒長大後在臉形方面，側睡的小孩比較會有瓜子臉，仰著睡的小孩比較容易有國字臉。

2 兒童房的禁忌

小朋友成長到5歲時最好能跟父母親分床睡，鍛鍊孩子的獨立性，此時在兒童房的窗戶最好有鐵欄杆的設施，小朋友常會因為好奇心打開窗戶，容易有危險，房間佈置盡可能是卡通圖案，讓小朋友會認為這個房間是特別為他設計的。

3 和室房做兒童房的禁忌

和室的房間本來就是無中生有的，

▲兒童房的窗戶要有鐵欄杆，避免小朋友打開窗戶時發生危險。

或是有中生無的，最主要的原因是它的隔間設備並不是這麼的完善。通常和室可以當作書房、臥室、客房、起居室，但和室內不可以擺設太多的東西。在和室房可以做男孩子的房間，但是不可以做女孩子的房間，在中國的傳統中認為，女孩子的睡姿不雅，房間的安全設備又不夠，比較容易產生意外。在國中期間，女孩子睡在和室房是非常不雅的，當客人來的時候，可以直接看到和室裡頭亂七八糟，家中整個居家空間也會顯得非常亂。

4　父母房間的正上方不可做兒童房

家中的最大房間通常為父母房，或者是祖父母房，代表家中最重要的人物，必須住在主臥室內，主臥室假設長期地空出來，代表家中沒有父母親、沒有靈魂人物。通常透天厝的房子或者是別墅，父母房的上面正好是兒童房，這個時候孩子一個人住在主臥室內，則比較不會聽父母親的話，兒子大了比較容易學壞。

▲可愛玩偶讓小朋友有歸屬感。

◎電子書包

目前兩岸三地小朋友，其中以香港出生的小朋友最幸福，自動就享有雙語學習，學校作業幾乎都是用英語作答，父母親眼光獨到，對幼童教育採用啟發孩童獨立思考與潛質上的學習，所以無論在哪個國家，兒童就是比較獨立、會尊重他人。啟發式的教育能培養出孩童主動自我管理的能力，以及自行判斷的獨立思維，在未來的國際舞台上才能更具備優勢與競爭力！

21世紀的小孩真是幸福！2004年教學已經是教室前牆一片白淨，學生桌上只有一台流線造型的平板電腦，書本與紙筆都不見了，這樣的上課情形是未來教學新景象，別以為是幻想。教學「資訊化」將成為未來教育推行的重要潮流之一，電子書包能改變學生的學習型態，也帶動老師

TIPS　列舉兒童房空間需求表的計分要素

性　　別：○男　○女

年　　齡：○2～6歲　○7～12歲　○13歲以上

坪　　數：○2.5～3坪　○3.5～4坪　○4.5～5坪　○5.5坪以上

未來成員：○1人　○2人　○3人以上

居住年限：○1～5年　○6～10年　○10年以上

健康狀況：○易過敏體質　○過敏絕緣體　○對特定材質過敏

空間需求：○遊戲區　○閱讀區　○收納區　○睡眠區　○電腦區

色彩喜好：○素淨　○鮮豔　○有自己偏好的顏色

機能要求：○遊戲　○閱讀　○收納　○睡眠　○安全

收納重點：○書籍　○衣物　○玩具　○其它雜物

燈光照明：○隱藏式燈光　○頂燈　○桌燈　○壁燈　○夜燈　○床頭燈

傢具採購：○床組　○衣櫥　○書桌　○書櫃　○展示櫃　○床頭櫃　○椅子

▲兒童房設計適合學齡前小朋友。

教學模式更新，學生上課地點不再局限在學校及教室，家裡與任何可無線上網的場所，都可隨時學習、蒐尋資料，以及和其他師生做互動。電子書包讓教學方式更活潑，上課情緒也很High，許多原本學習不積極的同學，接觸電子書包後不但功課準時交，還會自動提早半小時到學校。有些學生則會在家裡將資料蒐集好，上課時再傳給老師與同學，學習變得很主動。「電子書包、行動學習」提升孩童國際上的學習競爭力。無線不僅限於行動商務族群，爸爸用筆記型電腦上網，媽媽用PDA了解生活大事，小朋友以無線網路行動學習等，「無線數位家庭生活化」成為趨勢。

小孩子真是幸福啊！如今的教育理念非常自由開放，完全不需有嚴刑竣法的黑臉老師，家長們不需效法孟母三遷的精神。

▼國小、國中房設計。

2 寵物開運術
養隻元氣小小鳥

八哥是一種外形不漂亮但是非常聰明的小鳥，牠跟九官鳥一樣會學人講話，我在工作室中養了兩隻八哥，其中一隻叫「小朋友」，牠特別聰明，會說很多話，也常常讓我哭笑不得，其中有兩個故事：

有一天，有一位男客人來工作室諮詢，我家的「小朋友」對他說：「媽咪喜歡你～媽咪喜歡你！」，當時我真恨不得找個地洞鑽進去，我的男客人問我說小鳥在說什麼，我當時回答他「你說呢？」。雖然牠常常讓我凸槌，但過一會兒，「小朋友」忽然說：「前方有測速照相～前方有測速照相」，把我們大家都給笑翻天了。

又有一個案例，我的妹妹跑到我的辦公室位子上休息，我家的「小朋友」對我妹妹說：「你乖不乖呀～你乖不乖呀？」，過一會兒又自言自語地說：「乖唷！」，弄得我們大家都笑翻天。這就是養小鳥的樂趣，每當我寫書時，我們家的小鳥就會在我的左臂上停留一個小時以上，陪著我寫書，是我的最佳情人。

小鳥的種類非常多，千萬不要養鸚鵡系列，鸚鵡系列的小鳥喜歡東咬西咬，尤其是愛情鳥，愛情鳥飛出來的時候像兩隻小蜻蜓一樣非常漂亮，但是破壞力也非常高，牠飛出來不是咬電線就是咬冷氣機的空調管，尤其是啄傷人特別痛。牠常常用嘴巴來攻擊人，小鳥有個特性——喜歡啄人耳朵及腳跟，如果你越怕他，牠就越得意，這個時候拿起棍子來，牠就會嚇跑了！

◎如何養小鳥

睡窩

鳥籠的環境要常保持乾燥，選擇適當

▼八哥會跟九官鳥一樣學人講話。

的日曬和通風的環境位置來擺放，潮濕而悶熱的鳥籠，容易成為滋生黴菌或細菌的場所，也容易引起腸炎，所以要每天清潔牠的窩。由於鳥的習性是處於在較高的環境生活，當主人放養小鳥自由飛時，牠夜晚會喜歡待在高櫃或樑柱上。

在鳥店中有分為鸚鵡系列飼料及八哥系列飼料，平常還可以吃像是種子、穀物、新鮮的水果、蔬菜、綠色植物或麵包蟲，會吃蟲類的鳥屬於雜食性，但不管吃葷或吃素的鳥，都一定要多吃水果及蔬菜來均衡營養，小鳥幼年時多吃木瓜比較不會有軟腳病。將適量的飼料，放在固定的

▲幫小鳥準備 1 個小水盆，牠會站在邊緣，自己沾水洗澡。

地方餵食，小鳥牠想吃的時候就會自己去吃，但要注意食物的新鮮度。

洗澡

鳥兒會在洗澡時順便喝水，因此，平時準備的水一定要是乾淨的，更要注意飲水的充足。

鳥兒洗澡的方式

▶鳥兒自己洗：

①準備 1 個小水盆，讓小鳥站在邊緣，牠就會自己彎下身沾水。

②小鳥會自己用頭往身上梳洗一番，順便用鳥喙理理毛。

③給小鳥洗澡時的容器，內裝的水注意不要太多，水高約為小鳥身體的1/3或一半即可。

▶動手幫鳥兒洗澡

①用溫水直接在水龍頭下方沖洗，將羽毛洗淨。

②再用小毛巾擦拭、包裹小鳥的身體，以免受寒。

③放進籠子，用吹風機吹乾。

排泄

小鳥在家中飛，排泄是一大麻煩，因為牠隨處都會大便，你必須看到之後，隨手用衛生紙把它擦乾淨。

唱歌

想聽到美好音樂，必須養單隻「小姐」，比如金絲雀，小鳥，叫聲猶如占地盤，為的是警告侵入者，並且吸引異性的「求偶」注意。

遊戲

由於鳥的習性喜歡用鳥喙啄東西，對新鮮的事物充滿好奇，尤其是紙類及文具用品，因此可以讓小鳥啄東西玩遊戲，也能修磨過長的鳥喙，增加鳥類智慧。

如何選購小鳥

如何選購首養鳥

① 買鳥的時候用手放在鳥的眼睛四周圍，看鳥的嘴巴會不會打開，會打開代表非常健康，如果緊閉、愛睡覺，則小鳥容易生病。

② 把小鳥放在手上，覺得小鳥身體比較重的，代表發育正常。

③ 幼鳥的腳容易受傷害，也比較容易得軟腳症，在買小鳥的時候要看小鳥的爪子，有沒有長得很健康。

④ 眼睛四周圍有沒有分泌物，鼻孔有沒有順暢或是有沒有鼻屎，有分泌物代表小鳥無自己清潔的能力，鳥的智商也就比較笨一點。

如何選購成鳥

① 鳥的羽毛要豐富、平順及乾燥，若是小鳥的羽毛很亂，則代表生病了。

② 拿吸管逗小鳥，看小鳥會不會反過來攻擊吸管，則代表小鳥的反應機靈、精神飽滿、健康力佳。

③ 買成鳥的時候要注意，越重的、越壯的鳥比較容易存活，如果看起來瘦巴巴、小小的，則存活率低。

④ 買成鳥的時候注意牠的眼睛要明亮有神，代表小鳥比較不容易生病。

▲狗是人類最忠實的朋友。

3 寵物開運術
養隻忠實狗來富

西元1997年我到台南去看陽宅，麻煩我台南的好朋友蘇永輝到機場接我，蘇永輝看到我時便問我說：「同學，我家的羊場最近不知道怎麼了，動不動就出事，不是工人摔傷就是羊死掉。請問一下，如果我想把養羊的地方做修改，有沒有什麼方法讓我的羊場大賺錢，而且養羊又不容易死掉？」，當我聽到這句話的時候，我正在喝水，差點噎住了，沒想到連養寵物都要看風水。

在中國上海古籍出版社所出版的《四庫術數類叢書第六集》裡面的〈宅經篇〉，及〈鰲頭通書大全上冊〉著作於乾隆丙午年仲秋，都有記載如何養貓、狗、牛、羊等家畜，以及如何讓牠們為主人增加財富。21世紀的今天，很多人喜歡養一些貓、狗、兔子、小鳥、魚，最主要的是精神上的寄託。我常常聽到隔壁的鄰居說養狗比養兒子好，兒子長大了跟媳婦跑了，不如家裡的小狗又貼心又會撒嬌！

我從小就跟動物結下了不解之緣，在幼年的時候我們家有一隻狗，名為哈利，因為搬家，我的父母親把牠送給鄰居養，沒想到哈利逃脫了那個家庭，演出一齣千里尋主人記。有一天在我弟弟放學回家的途中，哈利看到他，好高興地跟著他回家，當時哈利變得好瘦，我們都認不得牠了，哈利一直在搖著尾巴，當家母談到我們家曾經養一隻哈利的時候，哈利一直搖尾巴、一直汪汪汪地叫，我們才知道牠原來是我們以前的哈利，我們好高興喔！但媽媽堅持在公寓住不可以養狗，還是打電話給舊日的鄰居把哈利帶回去，為了這件事情，我們兄弟姐妹哭了好幾天。

狗是人類最忠實的朋友，自古以來不嫌家貧，等到我三十多歲的時候，因為住別墅的房子開始養羅威那。這種狗非常的大，站起來的時候有80公分，屬於大型狗。我原本只養一隻狗，結果不小心逛狗店又買了

一隻，朋友都說家裡有兩隻狗代表哭，要養4隻狗代表成「器」，為了討吉利我養了4隻成狗，沒想到了一年，我家變成有32隻大型的羅威那狗！我終於曉得我變成狗奴才了，每天黃昏固定帶大狗散步，你可想而知32隻大狗多麼嚇人。

羅威那性情非常溫順，在買回來的第一天，第一頓餐餚如果是女主人餵，牠就永遠效忠女主人，如果是男主人餵，牠就永遠效忠男主人，天生護主的心情非常重。記得我的大姪女胡雅妮到我家中睡在我的床上，我們家的羅威那就撲上去不准她起來，嚇得胡雅妮哭得淅瀝呼嚕。大型狗雖然長得很大，但是牠的腸胃系統非常

不好，目前狗飼料店有用雞脖子絞成碎肉，加上碎米一起煮，是羅威那最愛吃的食物，偶爾買些豬肝配在狗飼料中，小狗吃得津津有味，下面有如何照顧各式狗的資料，可以提供讀者做個參考。

◎如何照顧小狗？

①家：狗需要一個讓牠有安全感的居住空間，而不是由主人決定牠的窩在哪裡。當狗狗剛加入一個家庭時，主人可以觀察牠喜歡在何處休息，那裡通常就是讓牠覺得最有安全感的地方，這時要決定是否在該處設個狗屋給牠住。狗屋首重防水性、透氣性，住狗屋的好處是方便管理，若將狗屋放在陽台，冬天須注意保暖遮風，放塊布或墊子在

▼小型狗（約克夏）。

裡面，夏天則要避逸日曬雨淋，留心通風好不好，以免長濕疹。

②個性：馬爾濟斯、雪納瑞、米格魯及博美等品種都是小型狗，個性乖巧溫馴，也較容易飼養；中大型狗則會快速成長，往往7、8個月就長到20多公斤，養的時候要注意家中的環境是否適合飼養。

③壽命：無論是中大型狗或是小型狗，壽命至少都在10年以上，中大型狗照顧得好，甚至可以活到15歲。另外，狗狗無論是長毛、短毛，在春秋季節都會換毛，因此養狗的家庭千萬不要鋪設地毯，以免環境無法維持乾淨，甚至有的狗會將地毯吃到肚子裡，可能引發胃出血。

④飲水：在飲水部分，水盆要放置在狗狗容易看見的地方，並且綁好固定，以免打翻，每天要更換乾淨的水，如果水太髒，通常狗是寧願口渴也不喝。

⑤狗狗上學去：港台巨星鄺美雲十分喜歡狗，平常把狗當寶貝兒子，除了給牠一流的物質享受，還會送牠上學受教育，

▲中型長毛狗。

她以每堂一小時500港幣（約2200元台幣）、一個月6000港幣（約27000元台幣）請教練教牠握手、坐下等服從行為。鄺美雲寵狗的程度，讓人無法置信，但她說：「子女長大會結婚，老公又可能隨時變心，只有狗會永遠跟著我。」

⑥教狗狗小便：在狗狗6、7個月個性成熟之前，最好就要養成牠在正確地點上廁所的習慣，通常吃完飯後，就可以帶牠去散散步，看到牠繞圈圈，就表示想要上大號了；至於小便，公狗較難教，由於公狗有領域性喜歡占地盤，通常牠會自己挑選想要小便的地方，每次小便的地方不一定，主人要改變牠，較不容易。母狗比較沒有領域性，把牠抓到報紙上幾次，就會習慣該地點。狗一天上小便的次數，大概在2至3次，主人若真的怕牠亂上廁所，最好的方法，就是早晚飯完帶牠去散步。

4　收納你家　新
流暢整潔的空間收納

　　景氣好轉，房地產的訊息充斥在各大媒體，兩岸三地的人興起買屋、換屋的念頭，買了一間新的房子，如果不懂得怎麼樣規劃收納，再貴的房子也變得很平價，如果你懂得如何收納物品，讓房子室內的動線流暢，也可避免每天都在找東西的窘境，下面教你如何利用空間收納物品。

◎領帶、皮帶、圍巾的收納方法

　　一般人領帶的收納方式都是在衣櫃的側面鎖上一根不銹鋼管，然後把領帶掛上去，如此一來要拿領帶的時候必須把擋到領帶的衣服撥開，同時不銹鋼管容易讓領帶下滑，因此我們找了一種專門為領帶設計的領帶架來收納領帶，把領帶架直接鎖在衣櫃門內側，第一不佔空間，第二容易收取，第三容易分類、辨識，也容易固定不滑落，45公分的長度可以掛12條領帶，視衣櫃櫃門的高度，可以製作兩排領帶架的規劃。

▼領帶的收納。　　▼皮帶的收納。　　▼圍巾的收納。

▲洗臉盆下做一個收納櫃。

一般皮帶的收納方式，是在抽屜內打格子，把皮帶捲成一圈，如此容易造成皮革的受損，因此我們用懸吊式的方式，鎖了一排掛勾，讓皮帶自然垂下來，而且不會有折痕，讓皮帶的皮革不會受損，為了避免皮帶懸掛會搖晃，所以用領帶架把它固定住，45公分約可放9條皮帶。

絲巾、圍巾等配件同樣都可以用領帶架來固定它，可見這個領帶架的功用好處多多。

◎浴室

浴室最傷腦筋的就是瓶瓶罐罐很多，大小造型、顏色零零總總、五花八門，容易使浴室顯得零亂，最好做一個暗櫃把它收在裡面，這個暗櫃如果可以精心設計櫃門，成為像一幅畫的櫃門，那就再好不過了。

洗臉盆下做一個收納櫃，為了避免水槽漏水泡壞木板櫃子的問題，可將櫃底挖空，直接貼上石材，同時櫃門底下也留空，讓臉盆下可透氣，就可放置每天換洗的衣物籃。

◎玄關

在玄關側最好能設一個客用衣帽櫃，供來訪客人放置外套、皮包等物品，如果空間過大也不可浪費，甚至可以在剩餘的空間內部再做一個暗櫃，做不同用途的收納，住家的隔局如果儲藏空間不夠，並非一定要隔出一個儲藏室不可，如果在任何適當的地方，多做一些收納櫃，它的功能也會是一樣的。

玄關鞋櫃如果可能，最好將外出鞋和室內拖鞋分開擺放，避免外出鞋底的灰塵沾到室內拖鞋，鞋櫃盡可能做櫃內上下挖空的處理方法，讓空氣能對流，保持鞋子的清爽，而且也不會有臭味，平常不用鞋櫃的時候，輕輕地拉上拉門，拉門上做了穿衣鏡的處理，讓出外時可以整理儀容，而且有加大玄關的功用，鞋櫃盡可能以拉板的方式做雙層的設計，可以多一倍的收納空間。

書房最傷腦筋的就是事務機器，如果照一般放在書桌上，永遠沒有辦法讓書桌整齊，因此特地做了一個拉門式的書櫃，可以將所有的書籍、事務機器收藏在裡面，要用時只要將拉門打開，用完後再把它關起來，整個書房就會顯得一點都不零亂。

▲圖一

一般人都將音響設備放在電視櫃上，顯得很不協調，因為視聽設備外型大小不一，等於強迫每個人看電視的時候，都要看到這個零亂的畫面，因此如果可以再另置一個視聽櫃，將所有的視聽器材放置在裡面，再做一個拉門把它關起來，視聽電器櫃如果是在一個轉彎角處，另一側面就可以挑空放置CD片，同時方便音響器材的維修，只要將CD片取下，就會一目了然，方便維修。客廳如果有機會做家庭劇院的

時候，最頭痛的就是電動螢幕、投影機和喇叭應該放在哪個位置，尤其是投影機，一般都鎖在天花板上下垂，很不雅觀、壓迫感又重，如果像圖一，利用搖控把投影機藏於無形，如圖二，體積龐大的重低音喇叭，也可以藏在沙發邊几內，不佔空間，一般電視放在電視櫃上面，會顯得很

▲圖二

▲圖三

突兀，如果能做崁入的設計，就可免於龐然大物的壓迫感，如果可以再做活動拉門，當電視不使用時可以關上，那就再好不過了，像是圖三，就是利用壁爐造型的處理方式，貼上造型典雅的文化石，反而成為一個美麗的焦點。

◎廚房

　　廚房工作檯面全部不放任何家庭電器用品，將這些電器用品全部收納在一個電器櫃內，如此方便操作，同時方便工作檯面的清理工作，電器用品可因不同的功能做不同功能性的設計，比如電鍋要煮飯的時候可以將它拉出來，烤箱、果汁機之類的，也可以如此使用。

　　餐桌旁邊如果有空間，可以做一個收藏碗盤的櫃子，造型上可以跳脫讓人家直覺是一個櫃子的感覺，如果可以讓人覺得它只是一個裝飾壁櫃更好。

◎工作後陽台

　　工作後陽台，在印象當中它總是雜亂的，而且總是堆放雜七雜八的東西，可以把工作陽台佈置成類似各式各樣的庭園，讓你在工作陽台時，好像置身在異國美麗的風景裡。

◎和室

　　和室的牆面打破傳統，不做裝飾牆，盡量在牆面做收納櫃，收納櫃造型和拉門一致，讓整個空間充分的利用，而且也不

▲工作陽台設計成和室庭園。

會顯得零亂。

◎儲藏室

　　儲藏室的收納方式是一門大學問，不可以千篇一律的格式處理，必須依據不同的收納品設計不同高低、深淺的規格，才不至於浪費空間，也不至於把小東西放得太深層，而不便於取用。比如一個15公分見方的空間，就可以收納二、三十把的雨傘，又方便取用，家裡所有的工具器材，可以很環保地利用多餘的鞋盒做為收納，再在鞋盒上面做上標識，集中歸位，如此一來永遠不會有找不到東西的困擾，儲藏室內一般空間都不大，為了讓裡面的空氣不要有汙濁的味道，可以放香皂讓它散發出自然的香氣，有多餘的壁面也可以做一些掛勾，做不同的功能性的收納。

5 設計前應注意

精挑細選妝點門面

門是進出的第一大關卡，它在中國的風水學當中占了很大的比重。在中國最早以前的時候是地廣人少，通常有三合院、四合院，前面都會有寬寬大大的晒穀場，讓陽光直接照射。在中國的風水學中它會有日月星三光，日月星三光代表在門前要有日光進來，要有水氣（地氣）上來，家裡頭要有人氣。

舊三合院幾乎都是坐北朝南的方向，為什麼要坐北朝南，因為在冬天的時候，北方的風特別大，所以在三合院建築後面開了一個小門，不要讓風貫穿，南方比較

▼門前安置水缸可以調節空氣。

暖和，大門開在南方，可以讓陽光空氣都進來。所以坐北朝南的房子幾乎門都開在南方，而且很多宅第，他們也希望用南方做為進出口的地方，讓日月星三光中太陽的光輝照過來。

太陽的光輝照過來的時候，我們很容易從古書上面，看見大戶人家前面會有半圓的水池，如：林家花園、林安泰古厝，都會有一個很大的半月池，甚至在中國大陸的大戶人家，也有所謂的水池。因為水池它會產生蒸氣，蒸氣吹進來的時候就會有水氣進來，可以調節家中的濕氣及溫度，空氣也會有比較淨潔的感覺。當風沙吹到門前的時候，遇到了水池就會沉澱在水池旁邊，也會被水氣擋住，所以前面有水池的房子會比較好。

在庭院當中種一些花草樹木，花草樹木會散發一些芬多精，當我們看到綠色的植物時，心情會比較穩定一點，看到紅色、黃色的花朵會比較有進取心，而且對心理有催化的作用，心情上會非常愉悅。

▲門的形狀有非常多種，很多人喜歡把大門給鏤空。

◎大門的尺寸

　　大門有固定的尺寸，目前所看到的大門百分之百都是在文公尺論吉的尺寸，所謂的進門，目前21世紀都是高樓大廈的房子和舊式的五層樓公寓，一進樓梯的時候我們就看到電梯口，再一個轉折就是你的房子，尤其在大門的進出口前面的那盞燈非常重要，也就是說樓梯口、電梯口和大門接觸的地方非常重要。

　　比如說樓梯口一進來的時候，就看到有一個直型的日光燈往房子照射，就像是有一隻箭往家中射，代表家中的人事不安，所以我在家門口的地方會選用圓形的燈，比較不會傷害到別人家，也不會傷害到我家。

　　在門面上很多人喜歡把門鏤空，其實門的形狀有非常多種，你不能讓你的門面很不搶眼，而且門上的油漆不可以脫落，門上的油漆開始脫落，代表你的宅氣也開始脫落。在中國很早以前常用門來鬥法，你家跟我家相對，相對的時候我該在我家的門上面放哪些東西，可以讓我家的門氣較旺，鬥法完全是用燈或者是八卦鏡或是

▼林安泰古厝前面有一個很大的半月池。

凹凸八卦鏡來鬥法，實際上這是一種很笨的鬥法。

在門的進口地方有幾種作法，可以讓你的財源滾滾而來，而家中的宅氣也很重要，在進門口時的中心點的兩片磁磚，古時候富貴人家有安地靈的方法，也就是說在地上放一個寶貴的東西。通常我會建議客人用黃金安在進口處，當主人、客人進入這個屋子，腳踏著黃金進來、踏著富貴進來，也踏著財源進來。

◎樓梯進口處

樓上的進口處，最好有點夜燈的習慣，從樓梯一進到居家的層面，就看到門上有夜燈，這是一種搶氣的方法，點燈的時間最好是晚上7點鐘點到12點鐘，這是一種最好的搶氣方法。燈光一定要用黃色柔和的燈光，燈光不可以一閃一閃的，這樣會代表財氣退弱。

▼進出大門口前的那盞燈非常重要。

▲門的進口處，安置燈及花草是求富貴的最佳方法之一。

◎油漆脫落的預兆

門上面的油漆要特別注意，油漆脫落就代表宅氣脫落，所以每一年的陰曆12月24日，在新的一年即將來臨前，不妨檢查家中的門氣，如果你的宅氣脫落就必需趕快再重新油漆，讓你的門上看起來是新的，這就是最好的居家風水。

另一種搶宅氣的方法，就是一進口的時候，見到花或者是吉祥圖案，或是漂亮的飾品放在門口處，這就是我們常論的玄關地方；玄關的地方有些人喜歡用噴砂玻璃的方式處理，如果在上面有看到蝴蝶飛舞或者是花鳥，或者是看到吉祥的鹿、吉祥的飾品或是一盆鮮花、迎客松，就代表家中的門氣非常的旺。

居住一樓的房子，可以由門前的花草論家中的運氣好壞，通常居住一樓的房子，你會發現居家範圍內的花草全都枯死了，代表這個家裡的宅氣就非常不順。

6 燈光開運術
創造層次照明空間

▲吊燈

居家燈光已經不再是停留在基本照明的時代，利用燈光可以做成空間的魔術師，不同的材質、不同的光線，讓傢俱有質感和居家溫馨的氣氛，歐美各國五星級的飯店日漸捨棄水晶燈的造型，而改為重點式的照明，讓飯店的質感提升。

目前燈有分兩種，一種是白熾燈、一種是螢光燈，白熾燈是黃色的光線、螢光燈是白色的，這兩種燈光照射出來一種比較暖，一種比較冷，黃色是屬於暖色，白色是冷色系列，依家中的某些角度的需求

去做調配。至於耗電量來說，要看它的瓦數，黃光燈看起來會比較溫和，白色光看起來比較明亮，在視覺上白色燈給人比較像陽光的感覺，黃色的燈感覺較像夕陽，目前市面上的燈具、燈泡種類很多，一直在推出新產品，不一而足。

◎三種打燈光方式

打燈光可分三種，一種是全面性燈光打法，如吸頂燈、吊燈，一種是區域性投射燈光打法，如軌道燈、嵌燈，一種是定點燈光打法，如檯燈。

◎燈具開運撇步大公開

玄關

玄關的燈以黃色的燈光表現，一進門就有溫暖的感覺，不像白色燈一進門就冷冰冰的。這裡要盡量避免用日光燈，長型

▼黃色的燈光照在玄關上，一進門就有種溫暖的感覺。

▲吊燈

▲吸頂燈

▲日光燈

▲立燈

▲檯燈

▲檯燈

的日光燈像一把劍刺進屋子裡，會造成劍穿心，對屋主會有傷害。在玄關打燈，有一種是自動感應方式，人到燈亮，人一離開燈馬上關掉。另一種方式把鞋櫃提高一點，在下面安裝間接燈光，也可兼做夜燈使用。

臥房

　　臥房內的燈大部分都採用間接燈光比較恰當，比較不會刺眼，在氣氛上也比較柔和，也可以在櫃子上裝燈，例如在衣櫃上或是看書的地方裝上重點式燈光就可以了。中國人常說明廳暗房，房間是一個休

息的地方，也是心情放輕鬆的地方，要學習如何把房間佈置得典雅，要留意21世紀常常有男主人不回家，但如果有一個溫馨的臥房就不會了，如何營造房間的氣氛就要靠燈光了。

書房

　　基本上如果說天花板上的主燈夠的話，書房就不需要用檯燈，它較佔空間，如果天花板上的燈光不夠才要加檯燈，因此書房的燈光一定要足夠，若在主燈以外加裝一盞綠色燈罩的壁燈，有助於提升文昌位的運勢。

樓梯的燈、大門的燈

樓梯口的燈有的是用流明間接燈光，加上投射飾品或主牆的嵌燈，用間接燈光較不刺眼，畫也可以改成為內藏燈光的琉璃飾品，有室內梯的話，可在階梯側面裝燈，做為晚上照明用。

◎空間寬敞明亮妙招

客廳

客廳的燈光通常比較需要全亮，以往的裝修大部分客廳都有主燈，但是現在的趨勢已經不一樣了，如果是小坪數的客廳，用主燈還夠亮，如果10坪以上的客廳只裝一盞主燈的話，亮度會不夠，通常只裝一個主燈也沒有辦法製造客廳的氣氛，所以會再增加嵌燈、落地燈等來增加氣氛，如果可以的話，在客廳四周做一圈間接式的流明燈槽最好。

落地燈在風水上面有很大的幫助，可以在晚上十一點的時候，在本命的四吉方點燈，其中以生氣方最旺，可求財運，延年方可以求姻緣或做生意求客緣，伏位方可加強屋主本身的氣場，天醫方為重病的人才需要安置。

燈光有兩種使用方式，一種是全亮、一種是重點式的亮，要看使用客廳的情形決定，如果是在客廳談事情的話，可以用

▼大客廳除了裝上一盞主燈之外，還得增加其他燈等來增強亮度。

主燈讓它全亮，如果只是一般家常式談天就可以關主燈。除了主燈、重點式崁燈、落地燈等以外，也可以把燈設計在裝飾品櫃裡面，當作照明燈，可以幫助裝飾品的突顯，也可以當作照明。

餐廳

餐廳的燈選擇吸頂的或吊燈都可以，需依餐桌的型式來選擇，例如可伸縮式的餐桌就不適合用吊燈，如果餐桌是固定的，就可以使用吸頂燈或吊燈，但吊燈不可太重或過低，萬一地震來襲，怕會有安全上的顧慮。

▲餐廳的燈選擇吸頂的或吊燈，都很適宜。

廚房

廚房頂上的燈光不夠，如果要加強光線可以在吊櫃底部加上一排燈光，增加料理檯的亮度，使在廚房工作時感覺比較舒暢。燈光不足的話，菜餚也不會覺得好吃、可口，吊櫃下加一排燈，可藉由燈光顯現出菜餚的可口。

TIPS 燈光聰明DIY

Q1：電費好貴，什麼樣的照明配備才能達到省電的功能？
A1：用省電燈泡。
Q2：我們家已經裝潢了，卻發現不夠亮，有沒有改善的方案？
A2：可用活動的燈具，也就是說增加檯燈、落地燈都可以改善。
Q3：家裡有小孩，該如何選擇書桌的照明，才可以避免視力減退？
A3：選擇畫光燈可減少一些傷害。
Q4：購買便宜的燈具，需要注意什麼？
A4：要注意它的燈頭結構的安全性，避免選用塑膠的燈頭，最好是磁器的燈頭。
Q5：如何做好燈具的保養與清潔？
A5：燈具要常擦拭，尤其是有電度材質的燈具，因為灰塵就是會腐蝕你燈具材質的原兇，盡量不要讓燈具上的灰塵沾太久。
Q6：購買燈具回來自行安裝，有哪些秘訣，要注意哪些事？
A6：必需要有基本的水電的常識，否則盡量避免自行安裝。
Q7：想要買情趣或特別的燈飾，哪裡有賣？
A7：大賣場或美術燈專賣店有各式各樣的燈具。

居家開運佈置法則

◎客廳、玄關、鞋櫃注意要點

進門的地方最好不要亂放鞋子，最好有個鞋櫃可以收納，鞋櫃下方最好有空隙，可以讓空氣對流，鞋櫃、鞋子也比較不會有臭味在，鞋子因為有些人有腳氣，所以會有帶穢氣的情形。男女的鞋子要分開放，在中國是男尊女卑，男人是天、女人是地，所以在很多地方，男人的鞋子放在上面，女人的鞋子放在下面。在最上層的地方，可以放一些沒有用過的鞋子。進口的玄關最好插花，讓空氣聞起來有香香的味道，最好的是插香水百合或是蘭花，香水百合是招財，蘭花是招貴人來。在鞋櫃裡最好能放一些清香劑，我們可以利用肥皂，或者是化學清香劑，來消除鞋子的味道，如果還是覺得鞋櫃有味道的話，也可以將檸檬切半放在鞋櫃裡，當作天然的除臭劑。在中國古老傳說當中，木炭可以

▼客廳的電視機旁，稱為功名區。

吸室內的濕氣，而且有淨化的效果，所以通常房子很衰的時候，我們會建議他在鞋櫃的地方放木炭。

在客廳的電視機旁，我們稱之為功名區，為什麼叫功名，因為它屬於類似主牆的部分，大家會目視瞪在那個地方，所以很重要的一點，在電視櫃上面不要擺太多東西，盡可能把它設計成壁爐的樣子，平常不用時把它關起來，要使用的時候就把它打開來，旁邊要做好收納櫃，將錄影機、視聽音響……等等，全部隱藏收放在

▼電視櫃上不要擺太多東西，可採取隱藏式的設計，不用時便把它關起來。

一起，單獨排放錄影機、喇叭、視聽音響會很雜亂，我們可以擺放一些很漂亮的陶藝飾品在隱藏櫃上面。

茶几的地方是屬於人脈區，也就是說家族會聚在一起的地方，不管有沒有人來，我們都會聚在那裡，茶几上最好放一些小小的水盆，水盆裡養幾隻魚，或是在水盆裡面植栽一些綠色的東西，就會讓人覺得茶几變漂亮的，或者放些水果，不建議在茶几上面放餅乾，會讓人感覺比較髒亂一點。

室內的燈光最好用白色的或是黃色的燈光交互使用，白色是比較亮，黃色是較美觀。

◎掌握居家好風水的6大原則

客廳是一個居家的環境，也是朋友來訪的時候的活動空間，在大戶人家除了客廳，還會有起居室，起居家是家庭或親子活動的地方，客廳是直接會影響到風水的好壞。

①空間的色彩不要太過於炫亮，或者用對比的顏色，比如說到客廳發現有五花八門的顏色都混在一起的時候，你就會覺得眼花撩亂，如果是用黑色和白色，或是

▲客廳的沙發上沙發不妨放一些抱枕或椅墊。

藍色和白色這種對比的顏色，會讓人覺得好冷的感覺。

②客廳最好有陽光直接照進來，在風水學當中很重視客廳有沒有陽光，客廳有陽光照進來代表家中的男主人，在事業上會比較順一點，比較有功名利祿的情形。

③空間的動線要順暢，而且不要有阻礙的感覺，盡可能把客廳、餐廳、起居室、書房串連在一起，讓整個視覺上感覺沒有走廊的空間是最好。

④裝潢方面的擺飾是以舒適為主，不論是中西式，在我們的案例當中有中式的傢俱和西式的傢俱配在一起，但它們卻是這麼樣地協調。而且中式和西式配在一起，只要客廳夠大，大約8坪左右，你就會覺得非常的協調、非常的好看，也就是說在客廳裡會有一片不同的天空。

⑤客廳要擺吉祥圖畫，在有很多人喜歡在客廳擺放家庭的照片，但是家庭的照片不需要放在客廳，可以擺些花鳥圖繪，或是百鶴朝鳳的圖，假使你放百鶴朝鳳的圖，你會覺得這個家好舒服，好像有很多隻鶴跑來家中，佔滿這個地方，像是花開

▼客廳有陽光照進來，有助於屋主的功名利祿。

富貴牡丹圖，都是非常好的東西，或者是用西畫，會讓人覺得這個家裡很溫馨，會覺得非常漂亮。

　　⑥餐廳可以放蘭花、香水百合，可以招來財運，蘭花有蝴蝶蘭，而且蝴蝶蘭有很多的顏色，它代表大方、代表貴人來，

客廳放香水百合的時候有白色、紅色，並以單數為枝數，它會有招財的情形。

◎避免客廳壞風水的16個裝修禁忌

① 大門正對電梯。
② 大門正對向下樓梯台階。
③ 大門忌在樑柱下。
④ 客廳與電梯相鄰。
⑤ 進門就看到所有房間門。
⑥ 進門就碰牆壁、玄關狹窄。
⑦ 進門先經廁所、廚房再到客廳。
⑧ 進門見爐火，女主人財庫不穩定。
⑨ 穿堂煞、尖角煞。
⑩ 主沙發在樑下。

TIPS　掌握客廳好運水的六大原則

① 空間色彩不要太過炫麗或者忌用對比色。
② 客廳最好有陽光照射進來。
③ 空間動線要順暢，視野要寬闊。
④ 放蘭花招貴人，放香水百合招財運。
⑤ 裝潢不分中西式，以舒適為首要。
⑥ 適當擺放吉祥圖畫。

▼內圓外方的居家設計。

⑪ 主沙發背對大門（一般沙發是三二一的組合，一代表主人位）。

⑫ 外面走道地面高於客廳。

⑬ 室內忌放置攀藤類植物。

⑭ 室內忌放置乾燥花、枯木。

⑮ 室內天花板忌裝吊扇。

⑯ 室內隨意放置風水車、魚缸。

▲玄關設計採取霧面玻璃及典雅中國古玩。

◎由六獸看風水

所謂的六獸，是以屋子的中心點來分，假設它不管東南西北，當我們人站在客廳，往陽台、往外看的時候，左邊叫做青龍方，代表吉方、貴人方，假設由陽台往外看，建築物左高代表青龍抬頭，住在這個房裡的人會有貴人運，右邊代表小人多、女主人當家；假設由內往外看，右邊的房子比較高，或者是有高山，代表這個家裡比較容易犯小人，也比較有血光之災。

前面叫朱雀，也就是說在我們的陽台前面，最好是有一個大大的花園或是馬路，馬路不可以沖過來，朱雀的地方比較吵沒有關係，後面是玄武，後面有高高的山，代表我的家裡平平安安、我有靠山的情形。玄武比較怕見到懸崖或者是有水正沖，代表我家中有很多緊急的事情發生。

屋子的中心叫做騰蛇，代表我家中的財氣好不好，其中前面介紹裝潢實例，它的屋子裡的中心點剛好有一個圓形的茶几，下面舖了地毯，還有L型的沙發，圓和方都有兼顧到，代表說家中的人事平安，所以在屋子的中央不可以是廚房、不可以是廁所。

◎客廳吉祥畫

客廳的牆上面不可以掛太多的畫，如果一個人的家中一進門到處都是畫，感覺好像到了畫廊的樣子，這樣的畫就有扣分的效果，畫最主要是要以溫馨、憩靜為主。比如說有一個人他很喜歡馬，他的家裡就有萬馬奔騰，剛好馬的腳踢到主人的位置，所有的畫都要用主人坐的位子來看，通常沙發有三二一，其中有一的數目字是主人的位置，這個位置不能有動物踢到頭的感覺。如果在主位的上方或後方有一個瀑布，瀑布的水正好對著主人的地方流，代表這個家存不住錢，而且家中的錢是大進大出的。有很多人很喜歡買些魚，如果魚在主人的位子上面，魚全都向主人游，那是很好的，假使魚頭（餘）是朝外的那就不太好了，往外跑要看是往陽台游或是往門口游，兩者都不是吉利的，應該是要往中間游。最好在屋子的正中間，主人可以看到百鶴圖或者是花開富貴圖、五穀豐收圖、或是正楷毛筆字的圖，這些都是在風水上有加分的作用。

8 衛浴朋達術
我家浴室也能紓壓解憂

舊有公寓的衛生設備總是臉盆、馬桶、浴缸一字排開，許多人都曾為了家中的浴室總是濕答答傷腦筋，尤其小朋友用過的浴室裡，夾雜著洗髮精、沐浴乳等等，弄得地板滑溜溜的，讓人一不小心就會滑倒，在西元1989年台灣第一套乾濕分離的產品問市，讓台灣人的浴室文化走向國際化。

◎乾濕分離新趨勢

其實乾濕分離是一個很簡單的設計，它在浴室裡做了一個簡單的拉門，拉門內的水完全不會滲到浴室的地面上，所以當你在浴室裡面不管怎樣洗，都不會把水滲

▲ L型浴室拉門。

出來。乾濕分離應該是家庭的標準配備，因此在浴室裡頭舖地毯，已經不是夢想。

◎三機一體新趨勢

現代人工作壓力大，洗澡是一種紓解壓力最省錢的方法，在市面上有很多健康俱樂部，可以休閒、洗澡、運動、交朋友，但是衛生的問題卻是一個隱憂，為了杜絕與外人共同使用衛浴設備，而得到傳染病的危險，在經濟考量下負擔許可，可以在家中安裝蒸氣浴、按摩浴缸、烤箱、檜木桶，檜木桶的優點為具有獨特芬多精芳香，而且耐腐。

▼乾濕分離的浴室，應該算是家庭的標準配備。

浴室拉門的形式，大致上可以分為一字型、Ｌ型、五角型、圓弧型與Ｔ字型等，而依邊框的有無，又可分為有框、無邊框與簡框三種，類型眾多，可依個人的喜好及浴室的條件選配。

除了傳統的淋浴拉門，蒸氣房也算是乾濕分離產品的一種。現在的蒸氣房已不只是蒸氣房而已，最新趨勢是結合Home SPA概念、集大部分衛浴功能於一身的三機一體蒸氣房。

衛浴產品隨著身心健康的潮流興起，浴室的裝修更考究，水壓按摩浴缸及蒸氣SPA室已是不可缺少之物，就連浴室也要製造視覺變化、創造空間，擺放香薰及植物，浴室的舒適氣氛與臥室無異。

未來的趨勢，目前歐洲最流行的是水療浴缸，年產量達50億歐元，在台灣薇閣休閒中心造價上億元，在房間設備當中設置了按摩浴缸及蓮蓬頭、蒸氣三溫暖浴室為號召，每天門庭若市，據說很多人是為了它的浴室而去的。

▲一字型浴室拉門。

▼在家中裝設烤箱，可以幫忙紓解平日的工作壓力。

PART 1

PART 2

PART 3

PAR 4 / 旺宅

買房子，不但要睜大眼睛細細比較、盤算，更要懂得如
何看風水格局、了解搬遷禁忌，因為現代人不但要住好
屋，更要住「旺」屋，家旺則氣旺，氣旺則財運、事業
蒸蒸日上，升官發財便非夢事！

精 購 守 則

旺宅守則 1

如何買到合適陽宅？

在中國的陽宅學當中有一本書，書名是《陽宅集大成》，它是在乾隆十三年時，有一位餐霞道人著作而成的，在那本書上有記載，房子的五行如：坐北向南的房子，它的五行就屬水，如表一。

在居住房子的時候，它有樓層數目字1至5的循環，每個宅它適合買哪一個樓層居住，在21世紀發達的時代之際，房子已經越蓋越高，有蓋到三十幾層樓，只要房子的樓層如表二，則代表這房子的坐向及房子的五行生剋，所計算出來的。

房屋屬性 (表一)

宅向	買什麼樣的格局最好
座東朝西（木宅）	長型的房子，忌淺型的房子，長型的房子比較容易人財兩旺，房子比較淺的，家中人比較容易生病，而且容易敗財。
座東南朝西北（木宅）	不喜長型的房子，喜歡正正方方的格局。
座南朝北（火宅）	比較喜歡明亮的房子，不喜歡暗的房子，明亮的房子人財兩旺，暗的房子犯火災、官司。
座西南朝東北（土宅）	長型的房子，代表人財兩旺，房子淺型，只會短暫富貴，不會長久富貴。
座東北朝西南（土宅）	喜歡長型的格局，不喜歡淺型的格局，雖然會發，但是不會長久。
座西朝東（金宅）	不可以太亮，太亮的話是女人掌權，而且比較容易剋夫，丈夫比較容易弱。
座西北朝東南（金宅）	屋內的光線要亮，代表家中會生出聰明的小孩，屋內的光線暗則損男丁。
座北朝南（水宅）	喜歡長型的房子，忌淺型的房子，長型的房子財旺，但人口不多，淺型的房子則田財敗退。

◎了解預售屋的把戲

很多的建設公司為了讓產品銷售容易，預先蓋了一個樣品屋，讓客戶親身體會交屋後的居家環境，並強調這是未來的實品屋。其實樣品屋沒有樑柱的問題，牆壁和天花板也比較薄，所以會有讓空間變大的感覺，再加上假象的衣櫥只有一點點的空間，通常室內不會擺家電等占空間的必須品，取而代之是一堆炫麗的裝飾品，讓客戶誤以為我的家很大，其實這是建設公司灌水的手法，一定要用心考量。

◎如何更改門的造型

台灣的傢俱、木材，都是以台尺為單位，每台尺等於30公分，通常一般臥室的門加門框總共有90公分，廁所門有75公分，廚房門有80公分，大門約在90～150公分，在選臥房門的時候要事先量好多少公分（包括門框），往往建設公司贈送的門都很醜陋，而且材質也不佳，我們可以事先在預售之前，跟建設公司要求換門。

宅向樓層（表二）

宅向	吉利樓層
座東朝西（木宅）	1、3、6、8
座東南朝西北（木宅）	
座南朝北（火宅）	2、3、7、8
座西南朝東北（土宅）	2、5、7、10
座東北朝西南（土宅）	
座西朝東（金宅）	4、5、9、10
座西北朝東南（金宅）	
座北朝南（水宅）	1、4、6、9

◎注意公設比怎麼算

所謂公設是每個房子每戶要負擔公共設施的坪數，叫做公設比，買房子時雖然標明45坪的房子，但是很可能有10至15坪都是公共設施。有許多人在買房子的時候告訴筆者，他們的社區有游泳池、三溫暖、運動器材室等，而且他又買了一個車位，聽完這句話，我就知道45坪的房子，室內可能只有28坪的使用空間。所以消費者在買房子的時候一定要仔細問清楚公設比佔多少，包含那些公共設施？如何計算出來的，不要買了房子以後才發現虛坪太多，吃虧上當。

◎辨明是否有違章車位

大樓的地下室分為法定、獎勵及合法增設等三種停車位，有少數的建商為了想多賣車位，於是在地下室私自變更，增加違法停車位。何謂違法車位？如緊鄰樓梯、緊鄰發電機室等角落再多劃停車格，或為違章車位出售，一旦遭檢舉，自己的權益就會受到損失。

◎如何選購旺氣宅第

在一排都是一樓的房子，從左邊走到右邊，你有沒有仔細地去觀察，地面上的植物生長的情形如何，通常我十分留意每間屋子門前花草長得如何，為什麼A家的植物這麼旺盛，而B家的植物卻枯死了，C家的地上則長青苔？這就是代表地氣。植物枯死的宅，代表搬進去後男丁不旺；家中財也不旺，如果是草長得茂盛的家，代表這個家的宅氣旺，代表搬進去後容易升官發財；C家地濕有青苔，這樣的家兒子都不孝順，而且兒子比較容易學壞。說到這邊有很多人會覺得很玄，認為這是迷信，其實在古書當中有一本《元氣秘集云》中有記載，內容合乎現在的科學，假設你

在一個很潮濕的地方生活（C宅），你會覺得全身黏答答的，身體會覺得不舒服，假設你在一個很乾燥的地方生活（B宅），如在沙漠中生活，人就會變得很慵懶，假設你在一個陽光、空氣、水份都很平衡的地方生活（A宅），做什麼事情都會精神昂首，當然會事事順心。

常常有人請我去看是否要買這塊地，或是這個宅好不好，往往我是凌晨四點鐘就到達現場，等太陽微微的升起，看地面上有沒有一層薄薄的蛋清顏色，如果從地面上看到黃色、紅色、白色，都是一種非常好的地氣，代表這塊土地非常興旺。在夜深人靜的時候，望著這家人的屋上，如果出現了紅色、紫色、白色，都代表好。所以在夜深人靜、黎明清靜時都是正觀宅氣的最佳時候，這種方法都寫在《協記辨方書》內。

旺宅守則 2

如何買中古屋？

中古屋的優點

在香港、在台灣，這一兩年中古屋的買賣市場，尤其受歡迎，中古屋它有特殊的條件，比如：

①地點佳：在精華地段要蓋新房子已經不太多了，許多人情有獨鍾，喜歡住在好的學區，住在林蔭大道旁，在沒有新房子的情況下，也只好買中古屋。

②價錢便宜：房子隨著年齡折舊了，建材當然沒有現在的鋼骨結構好，所以中古屋的價位比較低廉。

③離商圈近，生活機能好：大眾運輸方便的地方，會為附近的房地產帶來非常多的機會，捷運能到的地方80％都是舊社區，在早期早就有了商圈的成立，捷運開了以後更為居家帶來方便。

◎選購中古屋要注意哪些事項

1 **下雨天觀察房子**

一般人為了房子的賣相，將舊屋全部粉刷一遍，完全看不出來曾經有漏水，或者是壁癌的問題出現，建議你如果喜歡這個房子，不妨在下大雨後當天或是第二天，到舊屋的地方走動走動，了解你買的

▲用十元的銅幣輕敲浴室和廚房的磁磚，可以檢驗磁磚的牢固性。

產品是優還是壞。

2 **拿硬幣敲敲磁磚**

隨時帶個十元的銅幣去檢驗屋子，在浴室和廚房的牆面輕輕敲磁磚，你會發現兩者之間的聲音會有很大的落差，當你聽到好像是「空、空、空」的聲音，表示磁磚不牢即將脫落，如果敲出來有實心的感覺，代表磁磚牢固。

3 **帶蚊香試驗抽風機**

浴室、廚房的抽風機，它的抽風力強不強，光是用看的不保險，建議你帶一

個蚊香在現場點燃，打開抽風機試抽一下，就可以看出抽風的能力強不強。

4 拜訪周遭鄰居

買房子前到四周圍逛一逛，坊間有句話說：「遠親不如近鄰」，買了房子後，跟鄰居的交往是非常重要的，有好的鄰居就有好的居家環境，不妨在附近蹓躂蹓躂，詢問此屋的前屋主經歷，了解一下為什麼急於脫手。

4 從客廳往屋外看

一般房子外面忌行煞，往往有路沖或是電線桿、高壓電、牆角、馬路、警察局、法院、橋樑等，都有可能影響屋內的居家環境，盡可能不要買在有這些問題的地方。房子的居住其實是一個心理學，你長期住在不好的磁場裡，你也會感覺到不順心，人事物也會不順。

假如你已經購買了中古屋，既來之則安之，搬進去的時候有一些可以改變前一個屋主運氣的方法：
① 重新粉刷讓屋子換運氣。

② 前屋主所留下來的傢俱盡可能都丟掉，如果沒有辦法丟掉，也要油漆或重新整理一遍。
③ 所有的燈泡全部都換掉。
④ 未搬進去前，隨便找一個日子，用三分之二的鹽加三分之一的米，灑在屋子的四周圍，三天後才可以清掃掉。
⑤ 搬進去的前三天，燈火通明72小時。
⑥ 用洗米的水擦拭窗戶及地上。
⑦ 屋內原有的鏡子盡可能移除掉。
⑧ 陽台庭院的盆栽如果要留下來，要結紅彩帶。

▼搬進新屋前需換掉所有燈泡。

如何防潮避濕？

如果一個房子有發霉，代表家中要走霉運了，發霉的地方可以判斷誰的運氣不好，請參考下列表格。

方位	影響
東	家中的大兒子運氣不佳。
東南	家中的大女兒運氣不佳。
南	35歲左右的女子運氣不佳。
西南	媽媽運氣不佳。
西	女兒不乖。
西北	爸爸運氣不佳。
北	35歲左右的男子運氣不佳。
東北	兒子運氣不佳。

◎去除牆面發霉

霉斑－使用漂白水

牆面有明顯的黑褐色霉斑時，使用漂白水就可以輕鬆把霉斑擦掉。

材料：漂白水、抹布、水盆。

①將漂白水和清水以1：4的比例稀釋。

②抹布沾稀釋漂白水擦拭牆面，10分鐘後以清水擦洗乾淨。

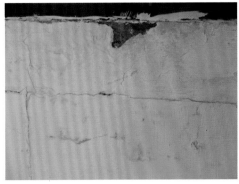

▲牆壁發霉，家運易退。

◎潮濕導致蟻害

現在人的裝潢都喜歡用木質來營造家庭的溫馨感，在台灣的氣候潮濕悶熱，是白蟻最喜歡的環境，在中國大陸南方、福建、廈門、廣東，氣候和台灣很類似，每年到了五月、六月是梅雨季節的時候，白蟻紛紛飛出，傷害傢俱、帶來精神上的困擾。曾經有一個案例，筆者有一位好朋友叫于吉徵，目前在台北縣某大醫院當院長，有一天當我們在聊天時，他聊到他有一個好朋友范院長，人在竹北，不知為什麼運氣背到底，又犯官司、家中一年之內有3個人往生，不知道是不是跟風水有關

係，還是跟命運有關係。當時我聽到這件事，順口說了一句話：「他們家一定是有白蟻吧！」

在中國的古書《永吉通書》、《鰲頭通書大全》上面記載，白蟻出沒的地方，會損害家中的元氣，如果背到底一定是屋子的前面動土，或者是白蟻的出沒。沒隔幾天，于吉徵打電話給我，開口第一句話：「你好神，他們家真的有白蟻，目前已經把白蟻消除了，有沒有空到竹北來一趟？」

◎哪些環境會招來蟻害？

①浴室的地板及浴室的防水工程沒有做好，水滲地板，引來白蟻啃食地板，結果地板就變成鬆鬆綿綿的。

②衣櫥裡，晚上睡覺常常會聽到細微奇怪的聲音，這個時候很可能是白蟻咬食衣櫥木頭的聲音。

③抽屜不常打開來使用，放一些比較容易潮濕的東西，也容易招來白蟻。

④我們所用的木材大部份都是從東南亞進口，往往蛀蟲的卵（白蟻蟲的卵）就藏於其中，蟲卵的孵化通常是5年～8年才會孵化。

白蟻出現的明顯徵兆

白蟻以木材為主食，如何找到白蟻呢？當你發現到木頭有一點點粉末或小泥巴出現，代表家中極有可能有白蟻出現的徵兆。

怎樣防治白蟻？

不讓環境變得很潮濕，每到梅雨季節，打開除濕機做除濕的動作，或者架高木地板，在木製地板上預留通風設備（預留四個孔，裝設小型抽風機，定期運轉，木材原料在施工前，先噴灑藥劑，等乾後

▼打開窗戶讓住家環境不易潮溼。

▲木質地板給人溫潤圓融的感覺。

再施工，目前有儀器，靠微波的原理可以測出白蟻的數量），防白蟻最好的方法是讓空氣流通，保持乾爽，同時定期請專業的防治蟲害的公司來檢測。

◎木質地板如何防潮？

木質地板給人的感覺是「溫潤圓融」的質感，一直很受人歡迎，踏在地板上如走在森林的原木步道感覺，往往喜歡木質地板的人，個性比較豪爽，但是在潮濕的南方，比如：廣東、福建、廈門、台灣、

香港，選用木質地板最好事先能做好防潮的準備，以杜絕日後整理上的困境。

覆蓋防潮布加強保障

每到春天梅雨季節時，地面上常常會有濕氣出現，有些座南朝北的房子，連牆壁上都會有濕濕的感覺，此時通常都是吹南風，為了不讓地板的水氣冒出，走在上面會有濕滑感，可以在施工前多花一點錢，請工人多蓋一層防潮布，加強防潮的效果。

▲餐廳需隨時保持空間清爽。

　　防潮布舖在地面上的做法叫做疊接法，也就是兩片防潮布一起重疊20～30公分的方法接成，而多蓋一層則可直接直的一層、橫的一層交叉覆蓋，這樣子就叫做交叉覆蓋。通常木板舖設的方法有兩種，一種是平舖地面，一種是架高地面舖。

角材鋼釘打進地面

　　架高地面舖地板有留空隙，比較不會潮濕也比較乾爽，但是木板和木板之間的距離過寬時，導致受力率不均，使角材鬆動，所以建議角材最好用鋼筋釘進地面，這樣子才比較牢固，目前市場上主流的面材：

　　①**實木地板**：它的優點為木頭發出自然的原木味道，可以讓人有安定的感覺。

　　②**海島型地板**：耐潮性高，不受氣候的影響。

　　③**超耐磨地板**：質感較適合商業空間，比較生硬的感覺。

　　④**銘木地板**：防潮性佳，但不太像木質地板的感覺。

如 何 搬 新 家 ?

　　在中國搬入新蓋好的房子叫做「入宅」，搬入舊有的房子叫做「移徙」，所以在農民曆裡可以看到移徙這個名詞。

◎舊屋搬前要注意的事項

① 還沒有搬房子之前，要用鹽和米灑屋內，鹽佔2／3、米佔1／3，除盡室內的污穢不潔之氣，也有趨達鬼魅之意。

② 搬家的前一天要用洗米水去潑灑屋內。

③ 搬進屋內後連續三天燈火通明，晚上請開小燈。

▼入宅前需先撒 鹽米，可去原先居者不好的氣。

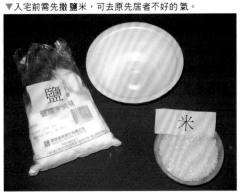

◎正式入宅的流程

1　搬家的前一天，為了討好吉祥之意，通常從門口到屋內的對角線，也就是所謂的明財位上，放置一個存錢桶。存錢桶的材質並沒有特別規定，在進口的地方到存錢桶前灑168個硬幣，全家人擇一個黃道吉時，把錢硬一起收集起來，存入存錢桶當中，存的時候要唸數目字，從1～168，代表進這個家「一路發」。

1　**入宅用品八項（「發」之意）**

① 紅布或八仙彩一條。

② 菜頭（蘿蔔）一對（纏上紅紙）。

③ 烤肉架炭爐一個及適量之木炭。

④ 鳳梨一個。

⑤ 小茶壺一個。

⑥ 舊屋之米（購新紅色桶內裝八分滿之米）。

⑦ 碗筷八雙（發之意）。

⑧ 舊屋之水（紅色水桶裝水八分滿）。

1　**燒木炭**
　　入屋之前，點然木炭在門口，引吉

▲搬入新造好的房子叫做入宅。

祥的地氣上來，有趨邪避凶的效果，家中的人最長的長輩，抱一個吉祥物過火，通常男主人抱一個存錢桶（蘿蔔、鳳梨皆可）過火，女主人抱一個米缸過火，家中大大小小過火都不可以空手，手持的飾品請參考入宅八發用品，代表起家安康的吉祥意味。

4 **祭灶**
瓦斯爐打開煮的第一個東西一定要是甜的，比如：甜湯圓、甜茶（最好煮甜湯圓），「家中吃甜甜、全家笑兮兮、吉祥又如意、財源滾滾來」。

5 **安床**
在中國的農業社會時代，他們認為

太陽沒下山前就跑去睡覺的人，是偷懶的人或是生重病的人，所以不管任何一張床在搬家的第一天，不可以睡中午，必須要等太陽下山後才能休息。

6 **安神位**
在中國認為神明、祖先大過於凡人，我們都是因為有祖先一代一代的傳脈下來，所以搬家首先的第一件事就是要安神明後，才可以搬進來住，假設家中有神明必須先安後搬家。在台灣、在香港兩地有祭祀土地公及地基主的禮儀，在中國大陸並沒有這種習慣，你可以在搬家的前三天至後三天，做謝土祭祀動作的禮儀。

1 0 6 - □□
台北市新生南路3段88號5樓之6

揚智文化事業股份有限公司　　收

□□□-□□

地址：　　市縣　鄉鎮市區　路街　段　巷　弄　號　樓
姓名：

生智

 書號 D6114　　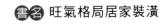 書名 旺氣格局居家裝潢

生智文化事業有限公司

讀·者·回·函

感謝您購買本公司出版的書籍。

為了更接近讀者的想法，出版您想閱讀的書籍，在此需要勞駕您詳細為我們填寫回函，您的一份心力，將使我們更加努力！！

1. 姓名：＿＿＿＿＿＿＿＿

2. E-mail：＿＿＿＿＿＿＿＿

3. 性別：□ 男 □ 女

4. 生日：西元＿＿＿＿年＿＿＿＿月＿＿＿＿日

5. 教育程度：□ 高中及以下 □ 專科及大學 □ 研究所及以上

6. 職業別：□ 學生 □ 服務業 □ 軍警公教 □ 資訊及傳播業 □ 金融業
   □ 製造業 □ 家庭主婦 □ 其他＿＿＿＿＿

7. 購書方式：□ 書店 □ 量販店 □ 網路 □ 郵購 □書展 □ 其他＿＿＿＿＿

8. 購買原因：□ 對書籍感興趣 □ 生活或工作需要 □ 其他＿＿＿＿＿

9. 如何得知此出版訊息：□ 媒體＿＿＿＿ □ 書訊 □ 逛書店 □ 其他＿＿＿＿＿

10. 書籍編排：□ 專業水準 □ 賞心悅目 □ 設計普通 □ 有待加強

11. 書籍封面：□ 非常出色 □ 平凡普通 □ 毫不起眼

12. 您的意見：＿＿＿＿＿＿＿＿＿＿＿＿＿＿＿＿＿＿＿＿＿＿＿＿＿＿＿＿＿＿
＿＿＿＿＿＿＿＿＿＿＿＿＿＿＿＿＿＿＿＿＿＿＿＿＿＿＿＿＿＿＿＿＿＿＿＿

13. 您希望本公司出版何種書籍：＿＿＿＿＿＿＿＿＿＿＿＿＿＿＿＿＿＿＿＿＿

☆填寫完畢後，可直接寄回（免貼郵票）。

我們將不定期寄發新書資訊，並優先通知您
其他優惠活動，再次感謝您！！